クセになる禅問答

考えることが楽しくなる珠玉の対話38

山田史生

ダイヤモンド社

思考の深さと自由を生む「わからなさ」の魅力　――推薦者のことば

科学哲学者・関西大学総合情報学部教授　植原亮

世の中ではロジカルであることが重要とされる。丁寧に根拠を示し、飛躍のないように結論を導き出すことで、相手に「わかって」もらえるようにしましょう、と。論理が求められたときに、実際に論理的でいられるのは、日本ではまだまだ貴重な能力といってよい。私の専門である哲学のブームが続いているのも、生き方の指針を得たいというニーズに加えて、やはり論理的思考力を身につけたいという理由もあるだろう。

確かに哲学は論理や論証を重んじるのだけれども、一方で、論理そのものを批判的に検討するミッションも担っている。そして、どうやら論理自体は論理だけでは支えられそうもない、という見方が今では有力だ。たとえば、結論を支える根拠となっている主張にも何らかの根拠があるはずであり、それにもさらなる根拠が必要になる……のだとしたらその先は？　ここではいわゆる無限後退の問題に突き当たってしまう。

こうした頭の中だけの（いわば狭い意味での）論理的思考から抜け出すには、身体に目を向けることが有効だ。禅問答は、どなる、平手打ちをする、といった迫力ある身体性をむき出しにし、極限的な思考に追い込むことで、まさにそのきっかけを与えてくれる。

本書を通じて、論理的であるか否かを問わず、意識的で言語的な思考の働きよりもいっそう根源的な、生身のからだの主体性（「無位の真人」と表現される）が私たちにもとより与えられていたと見えてくる。

「禅問答」という言葉は、「非論理的でちぐはぐな、理解不能のやりとり」を表すためにしばしば用いられる。しかし、「わかる」とは、頭だけではなくこの生きたからだ全体の働きにほかならない。そしてそこから自分なりの主体性を打ち立ててみよ、というのが本書のメッセージだ。

それにより、わかる、考える、論理的であろうとする、といった自らの営み自体を省みる、一段と深い思考の領域へと導かれるにちがいない。

……このように、頭でわかったつもりになるのを許さないのも、禅問答の特徴だ。闊達（かったつ）で柔らかい解説のおかげで、本書は実に理解しやすい。けれども、わかったつもりの事柄でも「あれ、わからないかも？」とあえて自分を疑い、じっくり検討し直す力が培えるのだ。

比喩や象徴表現によって、最初は理解しにくいところもある。私も、ときには見知らぬ土地に放り出されたかのような困惑に襲われた。しかしそこは、日常では許されないほど好きなだけ途方に暮れていてよい、そんな自由すらある場所だ。その中で、どこかに手がかりはないかと、行きつ戻りつ考えを巡らせる。そうして本書で禅問答に親しんでいけば、わからなさに対する恐れや不安は和らぎ、わからないままのことにも自信をもって、気楽かつ気長につき合っていけるようになるだろう。

とはいえ、自分なりに自由に読んで楽しめるのもこの本の大きな魅力である。「自分の読み方を確立せよ」ということもまた、主体性を重んじる禅の主張とマッチするはずだ。とくに、自信と人生について触れた「おわりに」は胸に沁みた。

問答をふっかけて「お前はどれほどのものか」を問うことを、禅では「勘弁」という。読者は、本書全体を通じて著者に、あくまでも柔和な語り口ながらも「この本をどう読みどう理解したか」を勘弁されているのかもしれない。

そして、この問いにある程度の自信をもって答えられるようになることが本書の隠れたゴールではないだろうか。

はじめに

禅問答とはなにか

禅宗では、指導者（師）が修行者をみちびくさい、しばしば問答というやりかたをもちいる。師が仏法について問い、修行者が答える。あるいは逆に、修行者が問い、師が答える。機が熟していれば、師の問いに答えることによって、あるいは師に問うて答えられることによって、修行者の目からウロコが落ち、悟りをひらく。

弟子に問われ、師は答える。ただし師は、弟子なりにレスポンスの仕方を考えざるをえないようなかたちで答える。

親切にコメントしてやることもある。いきなり大声でどなりつけることもある。平手打ちをくらわせることもある。踊りながら去ってゆくこともある。

師は、弟子の問いに答えるとみせかけて、弟子がいつのまにか前提しているものに揺さぶりをかける。そして「そなた自身でなんとかしてみろ」ときびしく肉薄し、弟子をのっぴきならない窮地に追いこむ。

師と弟子との対話は、たんに「あたえる」ことでも、「もらう」ことでもない。弟子は全身でぶつかってゆく。師はそれを全身で受けとめる。たがいに主体的にぶつかりあうことによって、ともに向上してゆくような対話、それが禅問答だ。

「いま・ここ」を生きるための問い『臨済録』

禅という語は、サンスクリット語の「ドゥヤーナ(dhyāna)」の音に漢字をあてた「禅那」を略したものである。

ドゥヤーナは、「ヨーガ(yoga)」や「サマーディ(samādhi)」とほぼ同義であり、悟りをもとめて瞑想することをいう。たんに「こころ」をカラッポにして坐るのではない。現に「いま・ここ」にあって感覚し・思考し・呼吸している「からだ」のありかたに気づくことだ。

このインド古来の修養法は、やがて仏教にとりいれられ、禅という修行法として位置づけられた。

後漢の明帝のころ、仏教が中国に伝来する。そののち、ダルマ(菩提達磨)によって

「禅」が中国にもたらされる。それが在来の老荘思想などとブレンドされ、禅宗というユニークな思想動向として根づくことになった。

中国の禅は、大雑把にいえば、ありふれた日常の暮らしのなかで個人の力量を全面的にあらわそうとする。インドの仏教は、おそろしく理屈っぽい。そこへゆくと中国の禅は、現に生きている生身の「からだ」に即したかたちで営まれる。

ふだんの生活のなかで人間どうしがぶつかりあい、たがいに火花を散らしあうことによって、インド伝来の頭でっかちな瞑想法は、中国色に染められた実践法となっていった。

そして、いまやグローバルなものとなった禅（Zen）のもつ魅力を、もっとも見事にあらわした大古典が、「語録の王」と称される『臨済録』である。

『臨済録』とは、臨済宗の開祖である唐末の禅僧・臨済義玄（りんざいぎげん）の語録である。語録は、禅僧のおこなった説法や問答をあつめたものだ。

その名を冠した語録が編まれるということは、その禅僧がとびきりの大物だとおもってまちがいない。じっさい臨済は、中国禅宗史にあって屈指のビッグ・ネームだ。

哲学者・西田幾多郎は、空襲の最中、焼け跡をみつめて「すべての書物が焼け失せようとも『臨済録』と『歎異抄（たんにしょう）』とがのこりさえすればよい」といったと伝えられる。

禅問答は「悟り」そのものをズバリと体現しようとする。ただし『臨済録』がほかの禅語録や禅問答にくらべて異彩をはなっているのは、「人間が言語をもつ生きものだからこそ、悟りをもとめる」という方向に議論をもってゆこうとしないところにある。

禅にとって大切なのは、言語ではなく事実である。風が吹き、花が咲いている「いま・ここ」の現実に生きることが大事なのだ。

鳥であれ、花であれ、生きとし生けるものは、現在を生きつくしているようにみえる。ひとり人間のみ、現在を端的に生きることができず、過去や未来をただよいたがる。「いま・ここ」を生き生きと生きよ、と臨済は説く。

仏にであえば仏を殺せ

「いま・ここ」を生きるには絶対に自由な主体として生きよ、と臨済はいう。では絶対に自由な主体として生きるとはどういうことか？　臨済は、こんなシビアな言葉を吐いている。

仏にであえば仏を殺せ。祖師(そし)にであえば祖師を殺せ。羅漢(らかん)（高僧）にであえば羅漢を殺せ。父母にであえば父母を殺せ。親類縁者にであえば親類縁者を殺せ。そうであってこそ、はじめて解脱できる。なにものにも拘束されず、すっきりと自在になれる。

「殺す」というのは、もちろんレトリックだ。

仏であれ、祖師であれ、それを偶像視し、執着してはならない。一切の執着するこころを消し去るべし。

「親には孝行しなければ」とおもって親を大事にするのではない。そういう俗情は、すでに執着だ。絶対に自由な主体として、あるがままに親をうやまう。

「うちの子は可愛いなあ」とおもって子を大切にするのではない。そういう煩悩は、すでに執着だ。絶対に自由な主体として、あるがままに子をいつくしむ。

でも、どうすれば執着するこころを消し去れるのだろう？

「殺せ」といわれたって、途方に暮れるばかり。いにしえの禅者の言葉を、いくら頭で反芻してみたところで、ただちに身をもって実践することはできない。

ただ幸か不幸か、途方に暮れることはできる。そのとき、みずから身をもって考えざるをえない状況に、じつはすでに巻きこまれている。

臨済が「殺せ」という真意を、疑念の余地もないくらい明晰に論じることができたとしよう。そこに答えは存在しない。論じれば論じるほど、かえって答えから遠ざかってしまう。

ところが臨済は、「さあ、なにか一言いえ」とさらに迫ってくる。論じれば論じるほど遠ざかるという仕方で論じてみよ、と。

答えのない問いを「からだ」で考える

ぼくは「禅問答にわかりやすい答えはない」とおもっている。答えのないことが重要なわけじゃない。答えがみつからない宙ぶらりんのまま、問いとたわむれつづけること、それが大事なのだ。

答えは「ない」といわれ、不安になる。答えが「ある」といわれ、それをさがしてみつけられず、不安になる。

不安におちいると、答えをもとめるプロセスを、片づけるべき手間として、さっさと消費したくなる。すると問いとたわむれていることを味わい、それに身をゆだねられなくなる。

禅について知りたいとおもえば、解説書を読んだり、講義を聴いたりして、頭をはたらかせて理屈で理解しようとするだろう。しかし禅のいちばん肝心なところは、およそ言葉で語りつくすことができない。禅者のかわす問いと答えとの応酬は、その言葉にならない禅のエッセンスを、あざやかに発現している。

この本にとりあげた38の対話は、そういった禅問答の精華である。あわてて頭でわかろうとせず、言葉では語りつくせぬ禅の醍醐味を、どうか「からだ」で受けとめてほしい。

とりあげた問答について

本文では『臨済録』のなかから選りすぐりの問答の「和訳」のみをあげている。きちんと逐語的に訳しているが、訳すにあたっては、原文にない言葉をおぎなってはいない。そのため、舌足らずに感じることもあるだろう。そんなときは、ひとつ深呼吸をして、「だれが問い、だれが答えているのかな」と考えてみてほしい。かならず合点がゆくとおもう。

原文も鑑賞したいひともいるだろう。巻末に「白文・書き下し文」をおさめておく。『臨済録』の全篇を読むなら、入矢義高訳注『臨済録』（岩波文庫）が、もっとも手軽に入手でき、また信頼もできるテキストである。この本も入矢氏の訳注本を底本としている（たまに引用するさいは「入矢本」と略称する）。

ぼくは禅仏教の専門家ではない。もちろん禅僧でもない。ただし中国思想の研究者として、漢文で書かれた禅問答そのものを読むことにかんしては正確を期した。『臨済録』の禅問答を味わい、じっくり考えるためのガイドとして、どうか安心してお読みいただきたい。

山田史生

目次

第二章　考える「からだ」になる問答

第三章

考えるのが楽しくなる問答

第四章 考えると自由になれる問答

禅僧たちの系譜

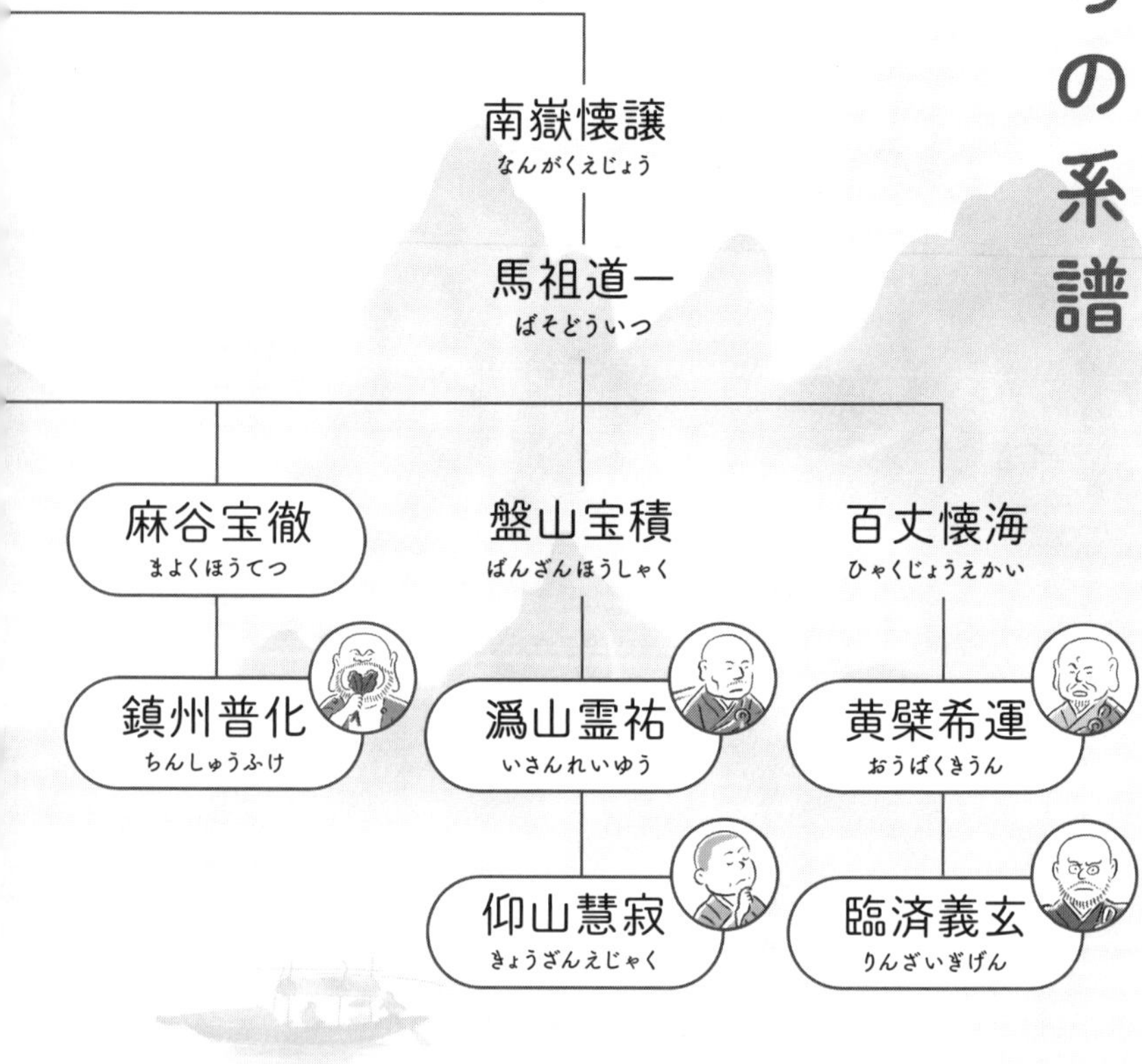
南嶽懐譲
なんがくえじょう
馬祖道一
ばそどういつ
麻谷宝徹
まよくほうてつ
盤山宝積
ばんざんほうしゃく
百丈懐海
ひゃくじょうえかい
鎮州普化
ちんしゅうふけ
潙山霊祐
いさんれいゆう
黄檗希運
おうばくきうん
仰山慧寂
きょうざんえじゃく
臨済義玄
りんざいぎげん

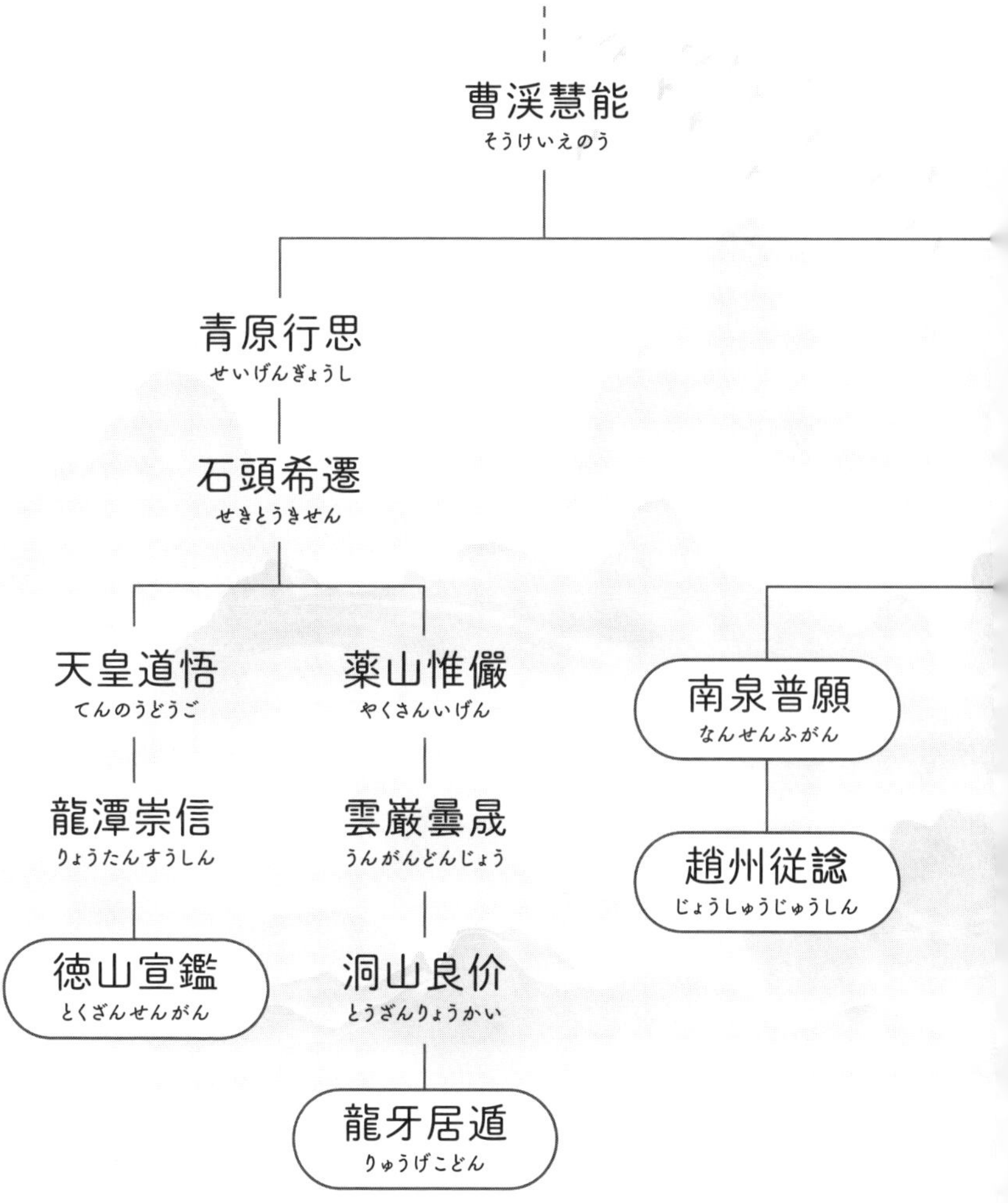

曹渓慧能
そうけいえのう
青原行思
せいげんぎょうし
石頭希遷
せきとうきせん
天皇道悟
てんのうどうご
薬山惟儼
やくさんいげん
南泉普願
なんせんふがん
龍潭崇信
りょうたんすうしん
雲巌曇晟
うんがんどんじょう
趙州従諗
じょうしゅうじゅうしん
徳山宣鑑
とくざんせんがん
洞山良价
とうざんりょうかい
龍牙居遁
りゅうげこどん

登場人物紹介

臨済 ◉りんざい

［?〜866］　この本の主人公。名は義玄。臨済宗の開祖。黄檗希運の法をついだ。鎮州（河北省正定）の臨済院に住して教えをひろめた。

黄檗 ◉おうばく

［生没年不詳］　名は希運。百丈懐海の法をついだ。臨済の師。その法語集に『伝心法要』がある。

大愚 ◉だいぐ

［生没年不詳］　帰宗智常の法をついだ。臨済を悟りにみちびいた事績によって知られる。

潙山 ◉いさん

［771〜853］　名は霊祐。百丈懐海の法をついだ。臨済の師である黄檗と同門。大潙山（湖南省）に住した。弟子の仰山とともに潙仰宗の祖とあおがれる。

仰山 ◉きょうざん

［807〜883］　名は慧寂。潙山霊祐の法をついだ。予言にひいで、小釈迦とよばれた。

楽普 ◉らくほ

［834〜898］　名は元安。夾山善会の法をついだ。

徳山 ◉とくざん

［780〜865］　名は宣鑑。龍潭崇信の法をついだ。朗州の徳山古徳禅院に住した。「臨済の喝、徳山の棒」とならび称された。

麻谷 ◉まよく

［生没年不詳］　名は宝徹とされるが不詳。麻谷山に住した。

龍牙 ◉りゅうげ

［835〜923］　名は居遁（こどん）。洞山良价（とうざんりょうかい）の法をついだ。湖南龍牙山の妙済禅院に住した。

翠微 ◉すいび

［生没年不詳］　名は無学（むがく）。丹霞天然（たんかてんねん）の法をついだ。終南山の翠微寺に住した。

大覚 ◉だいかく

［生没年不詳］　魏府の大覚寺に住したというほかは伝記不明。

趙州 ◉じょうしゅう

［778〜897］　名は従諗（じゅうしん）。南泉普願（なんぜんふがん）の法をついだ。南泉に40年も師事し、57歳のときに師と死別。3年の喪に服し、60歳から諸方行脚をはじめ、80歳で河北の趙州観音院に住し、120歳まで仏法を宣揚した。その宗風は、棒・喝のはげしさをもちいず、平易な口語をもって法を説いた。その語録に『趙州録』がある。

杏山 ◉あんざん

［生没年不詳］　名は鑑洪（かんこう）。雲岩曇晟（うんがんどんじょう）の法をついだ。涿州杏山に住した。

普化 ◉ふけ

［生没年不詳］　盤山宝積（ばんざんほうしゃく）の法をついだ。奇矯な言動によって知られる謎の禅者。

龍光 ◉りゅうこう

伝記不明。

翠峯 ◉すいほう

伝記不明。

鳳林 ◉ほうりん

伝記不明。

河陽 ◉かよう

伝記不明。

木塔 ◉もくとう

伝記不明。

禅問答の楽しみかた

一 問答だけをくりかえし読み、自分の頭でとっくり考えてみる

たとえチンプンカンプンでも、粘りづよく脳ミソをしぼってみてほしい。「わからない」とおもったら、それが禅問答を味わう出発点。簡単に「わかった」とおもってしまうのは、むしろ最大のつまずきだ。「わからない」とおもうところに、禅問答の醍醐味はある。

二 いよいよ「わからない」となったら、解説に読みすすむ

ぼくの解説は、けっして唯一無二の正解ではない。そもそも答えはないのだから。もしこれが禅に通暁したものの卓越した見解なら、「わからないを楽しむ」この本の趣旨からはずれてしまう。「ほんとうかなあ」と首をひねって読むうちに、考える力がやしなわれてくる。

三 ふたたび問答にもどり、美酒を舌のうえでころがすようにして味わいなおす

味わうとは、「わかる」といった目的から自由になることだ。無理にわかろうとしないことを練習しよう。わかりにくい禅問答をのほほんと味わっていると、だんだんと考えられる「からだ」になってゆく。

第一章

考えると やめられない問答

「わからない＝つまらない」という発想のひとがいる。

ひとたび「わからない」と感じようものなら、たちまち「つまらない」ときめつけ、あっさり見切りをつける。

わからないからといって、ポイ捨てするのは、もったいない。すぐに「わかる」ものを手軽にわかるよりも、なかなか「わからない」ものを苦心してわかるほうが、ずっとおもしろい。

わからないけれども、なんとか「わかりたい」とおもう。まだわからないということが考えるためのモチベーションになる。

わからないからこそ、ひとは考えようとすることができる。

臨済のひととなりの片鱗をうかがうべく、かれが黄檗（おうばく）のもとで悟りをひらくにいたるエピソードから読んでゆく。

これがまた、あっちにいったり、こっちにきたり、すこぶるストーリー性をおびていて、なかなか考えごたえがある。

問答1

三度問うて、三度打たれる

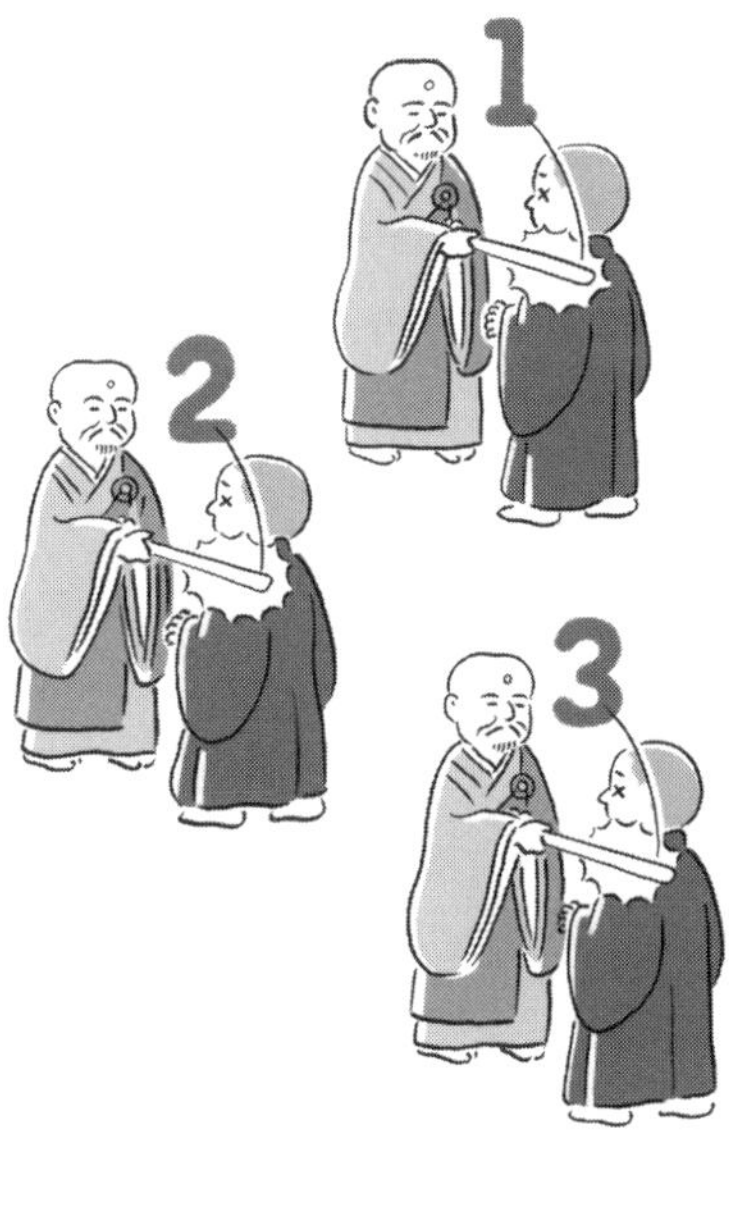

臨済は、黄檗のもとで修行をはじめ、その精進ぶりは純粋でひたむきであった。首座（しゅそ）*は「このものは歳こそ若いが、余人とはちがったところがある」といたく感心し、おりをみて語りかける「そなたはここにきてどれくらいになる」。

「三年になります」

「これまでに和尚に問いをぶつけたことはあるか」

「ございません。なにを問えばよいのかもわかりません」

「どうして和尚のもとにいって『仏法の根本義とはズバリどういうものですか』と問わんのだ」

臨済はただちにおもむいて問う。その**問う声もおわらないうちに、黄檗は打つ。**

臨済がひきさがってくる。

「問うてみてどうだった」

「それがしの問いがおわりもしないうちに打たれました。わけがわかりません」

「もういっぺんいって問うてみよ」

臨済はまたいって問う。黄檗はまた打つ。

このようにして**三度問うて、三度打たれる。**

臨済はもどってくると首座に丁寧にもうしでる「ありがたくもおみちびきをかたじけのうして、せっかく問いにゆかせていただいたというのに、三度問うて、三度打たれました。残念ながら悟りをさまたげる悪縁にとりつかれているらしく、仏法の奥旨をさずかることがかないません。もはやここをおいとましようとおもいます」。

「でてゆくまえに和尚にちゃんと挨拶をしてからゆきなさい」

臨済はお辞儀をしてしりぞく。

首座はさきまわりして黄檗のところにゆき「さきほど問いにきた若いものは、教えをまもりぬく見所のあるやつです。おっつけ、いとまごいにまいりましょうから、なんとかうまくみちびいてやってください。そうすれば将来かならずや大樹となって、天下のひとびとのために涼しい木陰をつくるでありましょう」。

臨済がいとまごいにやってくる。

「よそにゆくことはならん。そなたは高安灘頭の大愚（だいぐ）*のところにゆくがよい。かならずそなたのために教えてくれるだろう」

*首座　禅林（禅宗の寺院）における衆僧の首位にあるもの。修行者を指導するポジションにある僧。
*高安灘頭の大愚　大愚は筠州高安県の城外にある山の名。灘頭は早瀬のほとり。

わからないが楽しい！　クセになる解説

臨済はなぜ打たれたのか

臨済の家風（伝えかた・教えかた）は、大声でどなりつけたり、棒で打ちすえたり、相手の心身にきびしく叩きこむ容赦のないものだ。

それは否めないとしても、その禅の根底には「純粋でひたむきに精進する」という、ごまかしのなさがあった。すくなくとも若いころの臨済には、坐れといわれたら、もうよいといわれるまで坐りつづけるような、まっすぐな一途さがあった。

首座は、そういう臨済のゆるみない精進ぶりをみて、「黄檗和尚のところに質問にいってみよ」とうながす。

それにたいする臨済の「なにを問えばよいのかもわかりません」という返事が、これまたバカ正直である。痛いくらい純粋に禅をもとめていたのだろう。

とにかく質問してこいと首座にうながされ、黄檗のもとにゆき、いわれるままに「仏法の根本義（いちばん大事なところ）とはどういうものですか」というスタンダードな問いをぶつける。ところが、その問う声がおわりもしないうちに、いきなりピシャリと打たれてしまう。

黄檗はどうして打ったのだろう。しかも問いおわりもしないのに打ったのだろう。臨済が未熟だから？　問いが退屈だから？

理由はいろいろ考えられるけれども、当事者ならざる身をもってしては、もちろん仔細はわからない。ただし、ひとつだけハッキリしていることがある。

問いがおわりもしないのに打ったのは、問いの中身にかかわらず、すでに打つに値する状態にあったということだ。黄檗は「こいつは打つべきである。それも問いおわるまえに打つべきである」という信念のもとに打った。

三度おなじことを問い、三度ともおなじように打たれるとは、さぞかし強烈な経験だったろう。なにが起こったのかもわからないようなことを、たてつづけに三度もこうむったのだから。

三度もくりかえされれば、さすがに骨身にこたえる。臨済は「**オレは悟りをさまたげる悪縁にとりつかれていて、仏法の深みをさずかることができない身なのだ**」とあきらめかける。かつての悪業がいまの修行の成就をさまたげているのか、とこころが折れかけた。

見所あればこそ打つ

首座は「教えをまもりぬく見所のあるやつ」だと臨済の精進ぶりを高く買っている。しかしながら、ただ教えを愚直にまもっているだけでは、いつまでたっても悟りをひらけないという事情もある。

若いころの臨済には、「マジメであれば、それでよい」といったかたくななところがあった。

黄檗は、三度問われて、三度打つことによって、じつは臨済に**一切のことを伝えている。**伝わらないのは、臨済のかたくななこころのせいである。

俗人が相手であれば、そのままでもさしつかえない。ただし禅者を悟りへとみちびくとなれば、きびしく棒で打つしかない。

臨済はつくづく良師にめぐまれたものだ。

問われるたびに打つことを三度もくりかえしたのは、臨済がそういう異常な教えかたをするに値する逸材だからである。それをみぬいた首座が、そういうシチュエーションをお膳立てした。

事のなりゆきをみた首座は、黄檗のもとにゆき「なんとかうまくみちびいてやってください」という。こいつはいささか融通のきかないところがありますから、もうちょっと懇切なやりかたで教えてやってください、と。

　そこで黄檗は、臨済に「大愚のもとへゆけ」とすすめる。かわいい子には旅をさせよとばかり、よその道場の飯も食ってこいと命ずる。

問答2

そのまま ズバリだったのだ

臨済が大愚のもとにやってくる。

「どこからきた」

「黄檗のところからきました」

「黄檗はなんというておった」

「それがしは仏法の根本義について三度問うて、三度打たれました。どんな落ち度があったのでしょうか」

「やれやれ黄檗がそんなヘトヘトになるくらい老婆のように親身になって面倒をみてくれているというのに、わしのところにまでやってきて落ち度があったかどうかなどとたずねるとは」

そういわれるや否や、**臨済はたちどころに悟りをひらいていう。**

「ああ、なんと黄檗の仏法とはそのままズバリであったのだ」。

大愚はいきなり臨済の胸ぐらをひっつかんで「この寝小便たれ小僧め。さっきはどんな落ち度があったのかなどとベソをかいておったくせに、いまは黄檗の仏法はそのままズバリであったなどとほざきおる。**なにがわかったというんだ。**さあいえ、さあいえ」。

臨済は大愚の脇腹をゲンコツで三回突っつく。

大愚は臨済をパッと突きはなして「そなたの師は黄檗だ。わしの知ったことではない」。

わからないが楽しい！ クセになる解説

なんたる親切か

臨済は、黄檗に命ぜられるまま、大愚をたずねる。

事の次第をきかされた大愚は、「おやおや、黄檗ときたら、まるで老婆のように親身に面倒をみおって」とあきれる。老婆のように親身になって面倒をみたとは、問われるたびに打つという荒技を三度もくりかえしてやったことだろう。

ひとを打つのは、けっして簡単なことではない。よほど親身にならなければできないことだ。黄檗は「これでもわからんのか」と必死に打ってやった。

打たれれば痛い。打たれた臨済はもちろん痛い。けれども、打った黄檗のほうも痛い。その痛みをおぼえるところに仏法の根本義はある。

臨済が悟りをひらいた、とても大事な場面である。ここで本を置いて、すこし考えてみてほしい。

黄檗のもとで悟れなかった臨済は、いったいなぜ大愚のもとで悟れたのか。

「いま・ここ」にいる自分で考える

大愚のもとで悟れたのは、臨済のものの見方がドラスティックに変わったからだ。

黄檗のもとでの臨済は、「もっとガンバれ」「これじゃダメだ」と、おのれを鞭打つように精進していた。**あるがままの自分を受けいれることなく、いまでない「いつか」ここでない「どこか」にいる別の自分をもとめた。**

自分さがしは愚かしい。足りないならば、足りないまま生きているかぎりで、自分は自分である。「いま・ここ」にいる自分をないがしろにしてはならない。自分が別のところに自分をみつけたりしたら、自分はなくなってしまう。

大愚の「黄檗の親心がわからんのか」という一言のおかげで、臨済の「かたくな」なこころは粉々になる。

かつての臨済は、もっぱら自分で自分をみつけることしか考えていなかった。大愚の一言によって臨済は、はじめて**黄檗がどれほど自分のために親身になってくれていたのかを知る。**子が親のもとをはなれて、あらためて親のありがたさを知るように。

ここにおいて臨済は、まるで憑きものが落ちたように、「なんのことはない、黄檗の仏法とは、そのままズバリであったのだ」と豁然と悟りをひらく。

この臨済のセリフ、原文は「元来黄檗の仏法多子無し」である。

入矢本は「ああ、黄檗の仏法は端的だったのだ」と訳している。端的とは、簡明・自明・直截ということ。黄檗の仏法は、ごちゃごちゃと複雑かつ辛気くさいものではなく、すっきりとシンプルなものだというのだろう。

黄檗に『伝心法要』という語録がある。そこで黄檗はしきりに「こころこそが仏である(即心是仏)」と説いている。こころこそが仏なのだから、仏と成ることを自分の外にもとめたりせず、あたりまえの日常をしっかりと生きてゆけばよい、と。

「多子無し」とは、「多いこと」の否定である。すなわち「一」であって「無」ではない。

黄檗は平素から「こころが仏にほかならない」と説いていた。このひとつの教えをつらぬいていればよい、と臨済は悟った。

痛みをからだで感じる

「こころこそが仏である」という仔細を、みだりに言葉で語ることはできない。とはいえ黄檗は、仏法を教えることはできないとは考えていなかった。その証拠に、三度問われて、三度打ってやった。

棒で打たれれば痛い。その痛みをからだで感じとる。それが大事だ。「心頭滅却すれば火もまた涼し」というが、修行をして悟ったものは痛みを感じないなどということはない。

痛みを感じる心身のままでよい。否、痛みを感じる心身であることを、ありがたく受けいれるべし。


黄檗は、仏法を言葉で示さず、棒で打った。かたくなな臨済には言葉で語っても伝わらない。棒で打つよりないと判断した。

大愚は、臨済にむかって言葉で示した。黄檗に打たれたことによって、臨済のなかではすでに悟りへの機が熟していた。

このあたりの事情は、ありふれた人間関係につきまとうシリアスな機微をおもわせる。自分よりも教養のあるひとと語りあうことによろこびを感じるためには、それにふさわしい教養が必要だ。たわいない雑談は、たがいに共有するベースのあるものとしかできない。

大愚のサジェスチョンによって、**熟した果実が枝からポトリと落ちるように、臨済は悟りをひらく**。そして大愚の脇腹をゲンコツで三回、コツコツと突っつく。

すると大愚はすぐさま臨済を突きはなし、「わかればよろしい。もうここに用はあるまい。とっとと黄檗のもとへ帰れ」といいはなつ。

言葉でいうか、身体でやるか

黄檗には、三度問うて、三度打たれた。大愚には、その脇腹をゲンコツで三回突っついた。**どっちも三度であることに意味はあるのだろうか？**

もちろんあるだろう。三度問うて三度打たれたことに対応して、三回突っついている。それがしはこんなふうに黄檗に三度打たれましたが、そのことの端的さにこんなふうに気づいたのです、とコツコツコツと三回突っついた。

おもしろいことに、大愚にたいして臨済は、言葉でなく身体動作でかえしている。臨済は黄檗に、三度、言葉で問う。黄檗は、三度、臨済の身体を打つ。臨済は大愚に、一度、言葉で問う。大愚は臨済に、一度、言葉で応ずる。臨済は、三度、大愚の身体を突っつく。

なんともリズミカルな応酬である。

問答3

トラのひげをひっぱりおった

臨済は大愚のもとを辞して黄檗山にもどる。

黄檗は臨済がもどってきたのをみて「こいつめ、いったりきたり、いつまでウロついておるんだ」。

「これも師の親身のおみちびきのおかげです」

そして作法どおりに挨拶をして黄檗のかたわらにひかえる。

「どこにいっておった」

「先日お示しのとおり、大愚のもとに参じてまいりました」

「大愚はなんというておった」

臨済はいきさつを話す。

「なんとまあ、奴さんをこっちにつれてきて、一発どやしつけてやらねば」

「こっちにつれてくるまでもなく、いまやってやろう」というや否や、**すぐさま平手打ちをくらわせる。**

「この痴(し)れもの、**よくもトラのひげをひっぱりおったな**」

臨済はすかさず大声でどなる。

「侍者よ、**この痴れものを僧堂へつれてゆけ**」

のちに潙山(いさん)がこの話について仰山(きょうざん)にたずねる「このときの臨済は、大愚のおかげをこうむったのか、それとも黄檗のおかげをこうむったのか」。

「**トラの頭にまたがったばかりか、そのシッポまでおさえつけた**」

わからないが楽しい！ クセになる解説

一発くらわしてやらねば

黄檗のもとにもどった臨済、大愚のところにゆくまえとは、すっかり別人である。自信にあふれている。

黄檗は、事のいきさつを臨済からきくと、「大愚がここにおったら一発くらわしてやるものを」と吐き捨てる。三度問われ、三度打つという黄檗のやりかたが、じつは「老婆のように親切なやりかた（老婆心切）」だったとバラしてしまったのは、黄檗にしてみればよけいなお世話だった。

もちろん腹を立てているわけじゃない。臨済に悟るキッカケをあたえてくれたことに感謝している。それを「おしゃべりめ」とケナすのは、なんとなく照れ隠しみたいでおもしろい。

黄檗の「一発くらわしてやらねば」という言葉をきいて、臨済は「そんな悠長なことをいわず、いますぐ一発くらわしてやろう」と**黄檗に平手打ちをくらわせる。**

あれれ？　一発くらわされるべきなのは大愚のはずなのに、臨済はなぜ黄檗に一発くらわせるのだろう。

A．黄檗のいう「奴さん」とは、もちろん大愚のことだが、臨済はそれを黄檗自身のこととしてあつかう。「なに他人事(ひとごと)みたいにいっているのですか。禅者は、なにごとも自己のこととして引き受けるものだ。ほら、受けてごらんなさい」とピシャリ。

B．臨済のことを高く買っている黄檗の秘めたおもいを大愚が明かしてしまったのは、ひどくお節介だった。とはいえ禅者たるもの、いつまでもそんなことに拘泥(こうでい)していてはならない。むかしのことをひきずらず、「いま・ここ」を生きてゆけ、とピシャリ。

どちらの読みでも辻褄(つじつま)は合いそうだが、考えているうちに別の読みも浮かんできた。

黄檗は「大愚をここによんで一発くらわしたい」といったのに、臨済はあろうことか黄檗を平手打ちした。じつは黄檗をひっぱたくことは、ただちに大愚をひっぱたくことでもあった。そう読んでみたい。

臨済を悟りにみちびいたのは、黄檗と大愚との連係プレーだった。黄檗が大愚に一発くらわせるというなら、連帯責任でやったことなのだから、片割れの大愚だって黄檗をよびつけて一発くらわせたいだろう。

そういう機微があるとしても、それを**大愚になりかわって臨済がやってのける**というのが愉快である。

一発くらった黄檗は、「この痴れものを僧堂へつれてゆけ」という。**ひきつづき黄檗山で修行せよ**、と。

修行するとは、とりもなおさず生きることである。悟ればおしまいといったものではない。死ぬまで修行なのだ。

頭だけでなく、シッポまで

『臨済録』では、臨済による禅問答のあとに、しばしば潙山と仰山との師弟によるコメントがくっついている。

潙山の「大愚のおかげをこうむったのか、それとも黄檗のおかげをこうむったのか」という問いは愚問である。ふたりの連係プレーだったのだから。

その問いにたいする仰山の答えは「トラの頭にまたがったばかりか、そのシッポまでもおさえつけた」。これがもし「黄檗と大愚とのどちらの世話にもなったのであって、どちらか片方のおかげということはない」という意味であれば、愚問にたいする愚答である。

仰山は「黄檗と大愚とのどちらのおかげでもなく、**臨済はもはやどちらも超えている**」といっている。臨済が悟ったのは、黄檗と大愚との連係プレーによるものだったが、いまや臨済は、黄檗と大愚とをふたりとも超えてしまった、と。

臨済が大愚になりかわって黄檗を平手打ちしたのは、両者の連係プレーをみやぶったのみならず、**両者にいっぺんに感謝をあらわした**のである。その見事さに、仰山は感じ入った。

ほんとうに超えたのかどうかは、なんともいえない。が、ビンタ一発でもろともに両者への感謝をあらわすというのは、じつに冴えている。

いったい弟子の見識が師とおなじでは、師の法をつぐに値しない。師の見識を超えてはじめてその法をつぐことができる。

かくして臨済は、黄檗および大愚の仏法へのおもいを受けついだ。

問答4

山のなかに松を植える

臨済が松の木を植えていると、黄檗がたずねる「こんな山奥にわざわざ松の木を植えてどうするつもりだ」。

「ひとつには寺の境内に風致を添えるため、もうひとつには修行者たちの目印とするためです」

そういいおわると鍬でコツコツコツと地べたを三回突っつく。

「それはよいとしても、そなたはとうにわしの棒をくらったのだぞ」

臨済はまた鍬でコツコツと地べたを三回突っつき、ひゅうとノドを鳴らす。

「わが宗はそなたの代になって大いに栄えるであろう」

わからないが楽しい！　クセになる解説

坐禅だけが修行ではない

黄檗院は山のなかである。いまさら植えなくたって、松なんてそこらじゅうに生えている。臨済のやっていることは、まったくもって時間と労力とのムダである。なぜそんな骨折り損をするのだろう？

僧堂でいかめしい顔をして坐っているだけが禅の修行ではない。額に汗して鍬をふるうこともまた修行である。

頭で「しょせんムダだ」と考えて、なんにもしない。ムダかどうかを考えず、身体をうごかす。このちがいは大きい。**ムダかどうかとソロバンをはじくようでは、およそ禅者とはいえない。**

「のちの修行者たちの目印とするため」とは、ムダなことを自然にやれるのが禅者というものだ、と手本を示している。わざわざ植えられた松をみるたびに、のちの修行者たちは襟をただしたことだろう。

示さないという示しかた

孔子は「歳寒くして、然る後に松柏の後れて彫るるを知るなり」（『論語』子罕）といった。寒くなってはじめて松や柏が葉を落とさないことを知る、と。

松は常緑樹である。松を植えることには、いかなる状況になろうとも変節しないストイックな生きかたの象徴といった意味合いもある。

ひとはなぜ生きるのか。あらかじめ役割がきまっているわけではない。状況にともなって、なんらかの役割をになうことになる。あたえられた役割を自然に受けとめて生きてゆくことを譬(たと)えるのに、松はまさにピッタリだ。

松はなんにも示そうとはしない。が、ことさら示さないという仕方でちゃんと示している。松を植えながら「修行者たちの目印とするため」というのは、なんにも示さないという示しかたで示している。

要らんことをいうた

黄檗に「こんな山奥にわざわざ松の木を植えてどうする」となじられ、臨済は大声でどなるのではなく、第一にかくかく、第二にしかじか、と理屈をならべている。いささか臨済らしくないとも感じる。

理屈をならべたあと、臨済は鍬で地べたをコツコツと三回突っつく。要らんことをいうてしまったわい、と。「風致だの目印だのといった意図にもとらわれるべきではなかった」と反省をこめ、鍬で地べたを突っつく。

このふるまいをみた黄檗は、「おお、そこまで成長したか」と肯定したうえで、「かつて三度問うて、三度打たれたもんだが」といい、臨済に初心忘るべからざることをうながす。

臨済は、コツコツと再度地べたを三回突っつき、ひゅうとノドを鳴らす。「そんなむかしのことは、とうに忘れましたよ。つまらんことを、いつまでもおぼえていなさんな。いまの拙僧はこうです」と現在の境地をあらわしてみせる。

鍬で地べたを突っつくのにくわえて、さらにノドを鳴らすのは、たとえ師であろうとも惑わされはしませんぞ、という臨済の気概のあらわれだろう。まさに出藍の誉れというにふさわしい。

この地にこそ禅はある

臨済が、二度にわたって鍬でコツコツと地べたを三回突っついたことには、また別の含意もあるかもしれない。

臨済は、黄檗のねんごろな棒打ちによって、悟りへとみちびかれた。このことはまぎれもない事実である。鍬で地べたを三回も突っついたのは、「ほかならぬこの黄檗山、この地こそが禅の存するところである」と示したのかもしれない。ここ、この地です、と。

この黄檗山こそは禅の地である、という臨済のふるまいを受けて、黄檗は「そなたの代になってわが宗は栄えるだろう」とうなずく。

ここにおいて黄檗は、心底、**臨済のことを後継としてみとめる。**

問答5

またもやトラのひげをひっぱる

黄檗が厨房にやってきて飯頭（はんじゅう）*にたずねる「なにをしておる」。

「雲水たちの食べる米を選り分けております」

「一日にどれほど食うのか」

「二斛（こく）五斗（と）*です」

「多すぎはせんか」

「足りないんじゃないかと心配しております」

黄檗はいきなり打つ。

飯頭はこのことを臨済にしゃべる。

「そなたにかわって和尚の存念をしらべてきてやろう」

和尚のそばにいってひかえると、黄檗のほうからさっきのことをきりだす。

「飯頭はわかっておりません。どう答えればよかったのか和尚が代わってお示しください」といって臨済はたずねる「多すぎはせんか」。

「なぜ明日もまた一回食うといわんのだ」

「明日などといわず、いま食らえ」というと平手打ちをくらわせる。

「この痴れもの、またぞろトラのひげをひっぱりおって」

臨済は大声でどなってでてゆく。

のちに潙山が仰山にたずねる「ふたりの存念はどういうものかな」。

「和尚はどうおもわれます」

「子を育ててはじめて親の恩がわかる」
「そういうことではないでしょう」
「そなたはどうおもう」
「ドロボウをひっぱりこんで、家財をごっそりやられました」

わからないが楽しい！ クセになる解説

気を抜いてはならん

米を食べるのは、まさに日常茶飯事である。ありふれた営みではあるが、生きてゆくうえでこれほど大事なことはない。

＊飯頭　禅院にあって食事をつかさどる典座のもとで食事の世話をつとめる役職。
＊二斛五斗　斛は１００升。斗は10升。１升の基準は国や時代によって違うが、現在では約１・８リットル。

飯頭が、食べられる米と食べられない米とを選り分けている。黄檗は「なにをしておる」と問う。なにをしているかは、みればわかる。それなのに問う。**飯頭にたいするチェックがはじまっている。**まったくもって油断もスキもない。

師家(しけ)が修行者に問答をふっかけて、その力量をチェックすることを「**勘弁**(かんべん)」という。勘は「しらべる」、弁は「わける」という意味だ。

飯頭は「米を選り分けております」と事実ありのままに答える。正直だが、なんの工夫もない。

黄檗は「一日にどれほど食うのか」とかさねて問う。飯頭は「二斛五斗です」とふつうに返事をする。

勘弁がつづいている。飯頭はそのことに気づかない。ただ事実ありのままに答えるだけ。食堂の親爺ではあるまいし、禅者のはしくれなら、もうちょっと気のきいた返答をすべきだろう。

「ははあ、こいつはダメだな」とみてとった黄檗は、つづけて「多すぎはせんか」と問う。「禅僧が腹いっぱい食ってどうする。修行の身にとって、その二斛五斗という俗人なみの食いっぷりはいかがなものかとおもうが、そなた自身はどうか」と飯頭みずからの主体性の呈示をもとめる。

寺にどれくらい僧がいて、米がどれくらい必要なのか、飯頭にはわかっている。そして「二斛五斗」が足りないこともわかっている。だから「足りないんじゃないかと心配しております」と三度目もまたバカ正直に答える。

まだ勘弁だということに気づいていない。飯頭という職務に忠実なのはよいが、**飯を炊くことに使われてしまって、おのれの主体性というものがない**。もうガマンならん、と黄檗はピシャリ。

二斛五斗では足りないことは、黄檗にもわかっている。足りないことが明らかなのに「多すぎはせんか」と問うのは、あからさまに逆接的な問いかけだ。飯頭が気づけるように、黄檗はヒントをあたえている。

飯頭は気づくべきだった。自分は勘弁されている、と。

黄檗はたんに食べる量をたずねているわけではない。**修行者にとって飯を食うとはどういうことであり、飯頭にとって飯を食わせるとはどういうことか**、そこを問うている。

もし二斛五斗が事実なら、これで僧たちの食事をまかなってゆくのだという飯頭ならではのギリギリの覚悟があらわれていなければならない。**世間の常識にのっかって計量しているようでは、禅寺の飯頭はつとまらない**。

わざわざヒントまでだしてもらったのに、飯頭はとうとう気づけなかった。

多すぎはせんか

ボンクラの飯頭は、臨済をたずねてグチをこぼす。「わしが和尚の肚（はら）をさぐってきてやろう」と臨済はひと肌ぬぐ。

臨済がやってきた意図を察した黄檗は、みずから事の次第をしゃべる。臨済を相手の勘弁のはじまりである。

さっきとはアベコベに、臨済が黄檗にむかって「多すぎはせんか」とたずねる。黄檗は「なぜ明日もまた一回食うといわんのだ」という。飯頭に期待した模範回答がこれだった。「明日もおなじように食わせてやる」という答えかたには、飯を食わせるものならではの主体性がある。たんに食べる量の多い少ないをいっているのではない。おのれにとって飯を食わせるとはどういう営みであるかを示している。

米の量が足りないとしても、明日も食べられるなら、それで十分である。禅僧にとって食べることは、托鉢（たくはつ）によってめぐまれたものを、ただありがたくいただくことでなければならない。「足りない量ではありますが、明日もまた寺の僧全員に食わせます」といえば、飯頭は飯頭であることにおいて、みずからの主体性をうちだせただろう。

いますぐ食らえ

ところが臨済は、「**明日食らうなどと悠長なことをいっていないで、いま食らえ**」と、模範回答を示した師に平手打ちをくらわせる。

米を食らうことを論じていたとおもったら、いきなり打ちつける。

明日のことを考えて食べるなど、そもそも無用のことだ。「いま・ここ」で、ただ食らうべし、と臨済はおのれの主体性をむきだしにする。さっきの飯頭とは大ちがい。

黄檗は「この痴れもの、トラのひげをひっぱりおって」という。臨済のふるまいに満足したのだろう。そなたはこうくるのか、と。

臨済は「もう勝負はついた」とばかり大声でどなってでてゆく。颯爽たるものだ。

これには黄檗も一本取られた。「ただ食べる」ということを、わしよりも徹底しておるわい。黄檗は臨済のうしろすがたを、うれしく見送ったことだろう。

黄檗は「多すぎるんじゃないか」と心配している。これは経営者の感覚だ。教団のリーダーは、明日の米のことを心配せざるをえない。だが、そういう算段は禅のスピリットとは相容（い）れない。これは、けっこう深刻な問題だとおもう。

臨済は「明日のことを心配しながら今日の行動をきめるのは情けない。明日は明日。明日のことはおもいわずらうな」という。ところが臨済も、やがて黄檗とおなじ心配をすることになる（そのあたりの事情は第四章における普化との問答にみてとれる）。

ドロボウをひっぱりこむ

一連のやりとりについて、潙山が「ふたりの存念はどういうものかな」と問い、仰山は「和尚はどうおもわれますか」と逆に問いかえしている。**この師弟もまた勘弁しあっている。**

潙山は「子を育ててはじめて親の恩がわかる」という。黄檗というのは、なんともはや親切なお師匠さんだ、と。

厨房にゆけば、飯頭をわざわざ勘弁してやる。ところが親のこころ子知らず、飯頭は禅者であることを忘れて、ただの飯炊き係になりさがっている。

さらに臨済がやってくれば、臨済も勘弁してやる。そして師の黄檗を平手打ちするところまでひっぱりあげてやる。

仰山は「そういうことではない」と師の理解をしりぞける。**黄檗はちっとも親切じゃあ**

りませんよ、と。

「ほお、じゃあそなたはどうおもう」

「ドロボウをひっぱりこんだりして、家財をごっそりやられてしまいました」

黄檗は、ボンクラの飯頭なんかにかかずらったばっかりに、臨済というドロボウをひっぱりこむことになり、アベコベに平手打ちをくらわされたりして、ひどい目にあった。黄檗和尚、とんだ失態でしたな、と仰山。

もっとも、ここでいうドロボウがどういう意味かは、よく考えてみる必要がある。平手打ちをくらわすなんて、まるで師をコケにしたようにみえる。だが弟子たるもの、盗っ人よろしく師のお株をうばうようでなければならない。黄檗もよろこんでいることでしょう、と仰山はおもっている。

問答6

無事であればよいとおもうな

長老が臨済のもとをおとずれ、挨拶もせずに「お辞儀をするほうがよいか、しないほうがよいか」という。

臨済は大声でどなる。

長老はすぐにお辞儀をする。

「なかなかのワルだな」

長老は「ワル、ワル」といってでてゆく。

「無事のほうがよいとおもってはならんぞ」。

かたわらの首座にむかって臨済がいう「いまのやりとりに過ちはあったかな」。

「ありました」

「客が過ったのか、主人が過ったのか」

「ふたりとも過っておりました」

「どこに過ちがあったのか」

首座はなにもいわずにでてゆく。

「無事のほうがよいとおもってはならんぞ」

のちにある僧がこのやりとりを南泉（なんせん）にしゃべる。

南泉**「駿馬（しゅんめ）と駿馬との蹴りあいだ」**。

わからないが楽しい！　クセになる解説

長老の挑発

長老は、挨拶もせずに、いきなり「あんたが新しい和尚か、ずいぶん若いな。へりくだってお辞儀をしたほうがよいかな」という。

この無礼な挑発にうまく応ずることができるかどうかためしてやろう、という魂胆(こんたん)がうかがわれる。

「お辞儀をせよ」といわれたら、「じゃあ参禅(さんぜん)はやめておこう」といって帰る。「お辞儀などせんでもよい」といわれたら、「そんな逃げをうつやつには参禅するまでもない」といって帰る。

おそらく長老は、どんなふうに応じてもダメなところに追いつめようとしている。

ドンと突きかえす

臨済は裂帛(れっぱく)の気合いでどなりつける。

「お辞儀をせよ」ではなく「お辞儀はせんでもよい」でもなく、ドンと突きかえす。お辞儀をするとか、しないとか、そんなことを分別してどうする、と。

お辞儀をしたければ、すればよい。お辞儀をしたくなければ、しなければよい。それはおまえさん自身の問題だ。ひとの顔色をうかがうことじゃない、と相手に主体性の発揮をうながす。

長老はおとなしくお辞儀をする。

「なるほど評判どおりの傑物だ」と恐れ入って、つつしんでお辞儀をしたようにみえる。ただ、「おみそれしました」とあえて参ったふりをしてみせただけのようにもみえる。

煮ても焼いても食えない爺さんだ。一見、へりくだっているようで、じつはまだ臨済の力量をはかっている。お辞儀をしながら、上目づかいでジロリとみあげている。

ギリギリのところで押したり引いたりの応酬をしている。

ワルはだれ？

臨済は「なかなかのワルだな」という。長老は「ワル、ワル」といってでてゆく。

長老は、自分のことをワルといっているのか？　それとも臨済のことをワルといっているのか？

ふつうに考えれば、自分のことをいっている。「そうだよ、わしはワルだよ。それがどうした」と。はなから参禅するつもりなんかなくて、ただ若い臨済を値踏みしにきただけだよ、と。

「これでよし。若い臨済とも互角にやれた。さわらぬ神にたたりなし。もはや長居は無用だ」と去ってゆこうとする長老の背中にむかって、臨済は「無事のほうがよいとおもってはならんぞ」と浴びせかける。「おや、もうエネルギー切れか。問答はまだ片づいておらんのに、これだから年寄りはだらしない」と毒づく。

無事の意味するところ

「無事」とは「なすべきことは何もない。また、人為（じんい）の入りこみようもない平穏静謐（せいひつ）な世界のありよう」（『禅語辞典』〈思文閣出版〉）である。

禅語としての無事は、この自分が仏なのだから、この自分自身の外にもとめることをしない、といった肯定的な意味でもちいられる。

だが、ここで長老に浴びせかけられた無事という語は、おそらく否定的に使われている。

「ワル、ワル」といって去ってゆくのは、たんに無事をもとめているだけの「ことなかれ禅」だ、と。

無事とは、ほとんど悟りともいうべき境地である。事件・事故がなければよいといった安易なものではない。**無事であればよいとおもっているようでは、けっして無事ではありえない**。無事であることは、ことなかれ主義ではない。そこをわかっとるのか、と臨済はたしなめる。

過ちはあったか

臨済は、首座のほうをふりむいて、「いまのやりとりに過ちはあったか」とたずねる。長老とのやりとりにひそんでいる機微に、はたして**首座が気づいているかどうかをチェックしようとする**。

「長老も、臨済も、どっちもダメだ」と首座はきめつける。お辞儀をしたかったら、はじめからすればよい。いちいち相手の意向をきく必要はない。臨済も臨済で、お辞儀をさせたかったら、せよといえばよい。ふたりでパターン化した茶番をやってどうする、と。

長老は、挨拶もせずに臨済をためそうとするなど、無事どころか要らざるしわざ（多事）

をやらかしている。だからダメ。臨済のほうも、そんな長老をちゃんと指導してやらず、ただ大声でどなって突きはなしただけ。だからダメ。首座はそうおもっている。

臨済は「どこがダメだった」とたずねる。首座はだまったまま去ってゆく。「ご自身でお考えください」というふうに。

臨済がかさねて問うことで、こっそり首座を勘弁していたのだとしたら、首座はしくじったのかもしれない。

首座は、ふたりのヒマつぶしの相手などしておれんというふうに、なんにもいわずに去ってゆく。

これがもしハッタリをかましているだけなら、「役者じゃのう」といった感じでしかない。そうでない思惑があるとすれば、なかなかの手練(てだ)れだ。この首座、はたしてどちらなのだろう?

もし手練れだとすれば、「そこまでかさねて問うからには、過ちがなんであったのか、ご自分でよくわかっていらっしゃるでしょう。それがしが答えるにはおよびますまい」と首座はいっている。

なにが過ちなのか

去ってゆこうとする首座の背中にむかって、臨済は二度目の「無事のほうがよいとおもってはならんぞ」を浴びせかける。

この臨済のセリフには、長老のときとはちがったニュアンスがある。「こらこら、ヘタにかかわりにならんほうが無難だなどと逃げ腰になってどうする。遠慮なくかかってこい」と、長老のときとはちがって教育的な配慮のもとにダメ出しをしている。

そもそも、ここで問題になっている「過ち」とは、**禅の核心について、双方ともに表現できていない**ことである。

いったい禅問答とは、たがいに禅についての理解を示しあい、どちらの理解がすぐれているかを、ともに探究しあう営みだ。ところが長老と臨済とのやりとりは、主導権争いに終始し、けっきょく尻切れトンボにおわった。その意味では、首座のいうとおり「ふたりともに過ちがあった」のである。

どちらにも過ちはあった

一連のやりとりについて南泉が「駿馬と駿馬との蹴りあいだな」と蛇足（だそく）めいたコメントをしている。

駿馬とは、長老と臨済とのことだろう。首座は「ふたりとも過っておりました」と否定したが、南泉は「長老と臨済とのどちらにも理がある」と肯定しているかのようだ。

南泉は、ほんとうに「野生の奔馬（ほんば）どうしの見事な蹴りあいだ」と感心したのだろうか？ そうではなくて、「よく仕込まれた馬のそろい踏みにすぎない」と苦言を呈しているような気がする。**長老と臨済とのやりとりは、世間の常識をうちくだいて真実を明らかにするような問答ではなかった**、と。

長老と首座とが去ってゆく背中にむかって、臨済はそのつど「無事のほうがよいとおもってはならんぞ」と浴びせかける。この二度にわたって浴びせかけた言葉をじっくり味わうべきである。

はたして臨済に過ちはあったのだろうか？

問答7

地べたの線は売ってこれたか

臨済が院主（いんじゅ）*にたずねる「どこへいっていたのか」。

「町のほうにモチ米を売りにいってきました」

「売りきれたか」

「売りきれました」

臨済は目のまえに杖でさっと線をひいて「**これは売れるかな**」。

院主は大声でどなる。
臨済は打つ。
典座がやってくる。
臨済はさきのいきさつを話す。
典座「院主は和尚の真意がわかっておりません」
「そなたならどうする」
典座はすぐさまお辞儀をする。
臨済はやはり打つ。

＊院主　寺院の事務をつかさどる役職。
＊典座　修行僧の食事をつかさどる役職。

わからないが楽しい！ クセになる解説

のこらず売ってきた

院主は、臨済の問いかけを言葉どおりに受けとめ、「ちゃんとモチ米は売りきってきました」と答える。**自分が「勘弁」されていることに気づいていない。**

「なに？　一粒のこらず売ってきただと？　ほお、百八もある煩悩（ぼんのう）もひとつのこらず売ってきたのか？　もはや執着もなくなり、すっかり悟ったということかな」と臨済はたしなめる。

モチ米を売りきってきたのは、それはそれでよろしい。しかし禅寺の事務長たるもの、ただモチ米だけを売りさばいて能事畢（のうじおわ）れりとするのではなく、**ついでに煩悩を売りつくしてくるくらいの器量がほしい。**

こいつは売れるかな

臨済はさっと杖で地べたに線をひく。こいつは売ってきたか、と。

モチ米を売りにいって「売れた売れた」とソロバンをはじくだけが、院主のつとめではない。いやしくも禅者のはしくれであるからには、売るべきものは、もっとちがうものだろう。

原文の「杖を以て面前に画一画して云く」の「画一画」について、辞典には「さっと線を引いたり円を描いたりすること」とある（『禅語辞典』）。

臨済が線をひいて「これは売れるかな」というときの「これ」とは、ひかれた線ではなく、線をひく行為自体のことである。

まさに「作用即本性」である。売りきったというが、売る行為そのものは売れたのか？　モチ米がなければ、もちろん売ることはできない。ただし院主のじっさいに売る行為によって、はじめて売ることはなりたつ。売ることのなかに、売るはたらきもふくまれている。売るという作用が、売ることの本性をなりたたせている。

「真理は主体性にあり」ということだ。

行為そのものは売れるか

仏教では「すべての衆生はみな仏性をもっている（一切衆生悉有仏性）」と教える。あらゆる生きとし生けるものに仏となる本性がある、と。

これは、仏性があるから大丈夫、ということではない。じっさいに修行することが、仏性があるということを可能にしている。いくら仏性があっても、身をもって修行しなければ証明されず、証明されなければ仏性があることにはならない。


院主は、売りきってきたことを観念的に知っているだけで、そこにふくまれる売る行為そのものに理解がおよんでいない。

臨済が杖で線をひく行為をおこないながら「これは売ってきたか」と問うとき、問われていたのは、ひかれた線ではなく、線をひく行為そのものだった。

杖でさっと線をひく、そのあざやかな動作において歴然とあらわれているものは、臨済そのひとの主体性である。「おのれの主体性、これは売れるか」と臨済は、院主にみずからの主体性への自覚をうながす。


院主は、地べたにひかれた線を見て「そんなものが売れるわけないだろ」とばかり大声でどなる。院主なりに渾身の一喝をかましたつもりだろう。が、どうも空砲をぶっぱなしてしまったようだ。

地べたにひかれた線は、どうみたって商品にはならない。院主のいうとおり。しかし院主は、ものごとを「売れるか・売れないか」という観点でしかみていない。商品経済にどっぷりつかっている。

臨済は院主をしたたか打つ。院主が大声でどなったことを、臨済はおのれの身で受けとめる。

院主が大声でどなったこと自体がよかったわけじゃない。たとえ苦しまぎれではあれ、必死でどなってみせた姿勢を、ひとまず受けとめ、そして打ってやる。「わしが問題にしているのは、そうやって打たれた痛みを感じているそなた自身のことだ。作用即本性ということをよく噛みしめてみよ」と。

おのれの主体性は売れない

その経緯をきいた典座が「院主は和尚の真意がわかっておりません」というのは、たぶん的を射ている。

院主よりも熟練している典座は、さすがに地べたに線をひいた臨済のふるまいの意味をわかっている。そこで「おのれ自身の主体性は売ってはならない。臨済の示す主体性にたいしては、ただお辞儀をするのみ」とお辞儀をしてみせる。

ところが臨済はこの典座をも打つ。院主のときとおなじように。

おのれの主体性は、たしかに売ってはならない。また売れもしない。とはいえ商品経済に背をむけて、ただ超然としていることもできない。

寺院をきりもりする院主としては、モチ米を売りにもゆかねばならない。商品経済とどうむきあったらよいのか。

院主のようにどっぷりつかってはならない。典座のように背をむけてもならない。禅者ならではの身の処しかたとはどういうものか。

臨済は「わしが問題にしているのは、この痛みを感ずるそなた自身のことだ。作用即本性ということが身にしみたか」と典座を打つ。院主はわかっていなくて、自分はわかっているというが、ことがらは「わかる・わからない」といった他人事ではない、そなた自身のことなのだ、と。

画すべき一線はどこにある

院主も、典座も、かれらなりにガンバった。でも、どっちも打たれてしまった。

臨済が打つのは、たんに否定しているわけじゃない。打つというはたらきによって「作用即本性」ということを教えている。そこで重要になってくるのが、臨済の最初の問いだ。

臨済は地べたに線をひいて「これは売れるか」と売れっこないものについて問う。地面にひかれた線は、もとより商品にならない。しかもその線は、臨済の主体性そのものでもない。ただ臨済の動作によってあらわされただけの行為の痕跡である。

額に汗して労働することは価値を生みだす。その価値を享受することに問題はない。俗にみえる労働ではあるが、たとえ禅僧であろうとも、べつに背をむけなくてもよい。

臨済が地べたに線をひいたことは、禅僧が商品経済に対処するうえでの、ひとつのヒントをあたえている。

売ってもよいものと売ってはならないものとのあいだに一線をひいてみせ、「このギリギリの一線は売れるか」と問う。**おのれの主体性を売ってはならない。おのれの労働の成果は売ってもよい。そこには画すべき一線がある。**

第二章

考える「からだ」になる問答

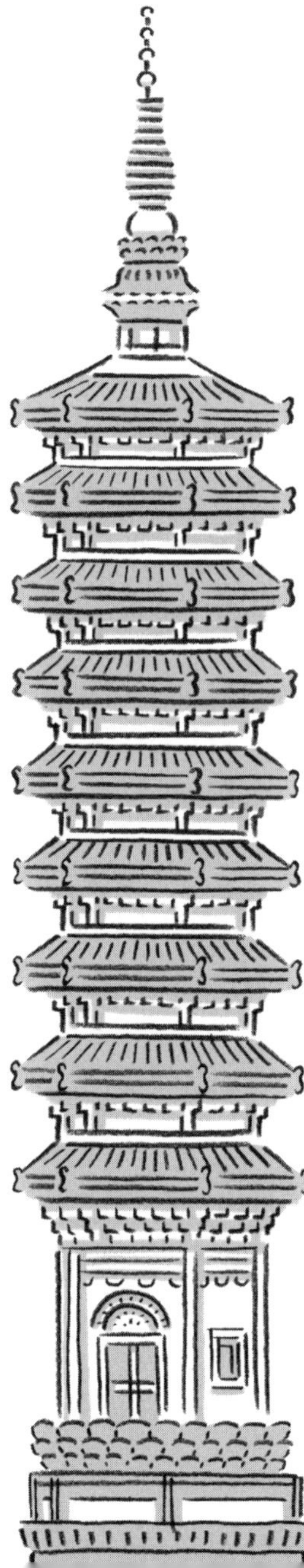

ひとは「考える」ことで価値をクリエートする生きものだ。

考えるとは、未来の自分と語ることだ。それをしないかぎり、現在の自分のありかたは豊かにならない。

「さあ、考えるぞ」とテンションをあげる必要はない。

考えることは「からだ」がひっぱってくれる。いちいち決意しなくたって、ご馳走(ちそう)につい手がでるように、「からだ」が勝手に考えてくれる。

考える気になるのを待っていては、いつまでたっても考えられない。まず考えはじめることが大事だ。そのためにも、なにはともあれ考える「からだ」を目覚めさせよう。

だれが考えるのか。もちろん自分だ。臨済(りんざい)によれば、その自分こそが「からだ」にほかならない。

みずからの「からだ」と、どれだけ真剣につきあえるか。このことに人生はかかっている。

問答8

なんたるカチカチのウンコ

臨済が高座にのぼっていう「そなたたちの生身のからだには格づけされることのない真の主体がいて、それが顔からしょっちゅうでたり、はいったりしている。まだみとどけておらんものは、いまこそみとどけよ」。

僧がすすみでて「格づけされることのない真の主体とはどういうものでしょうか」。

臨済は高座からおりてくると、僧をグイとひっつかまえて「いえ、いえ」。

僧はなにかいおうとする。
臨済はドンと突きはなして「せっかくの格づけされることのない真の主体ともあろうものが、なんたるカチカチのウンコであることよ」
というと、さっさと居間にもどってゆく。

わからないが楽しい！ クセになる解説

無位の真人とは

「格づけされることのない真の主体」と訳したのは、原語では「**無位の真人**」である。臨済の禅について考えるうえで、もっとも腰をすえて吟味すべきキーワードといってよい。

「無位」とは、職業がどうの学歴がこうのといった格づけをこばんでいる、まったく自由である、といった意味だ。

「真人」とは、老子・荘子といった道家における道の奥義を体得したひとのことをいうが、ここでは一切のとらわれから自由な主体のこと。

要するに「無位の真人」とは、「いま・ここ」で息をしている当人のこと。およそ世間の物差しをもってしては価値づけられようもない、かけがえのない「この」自分そのものだ。

肉体的には、肥えたものもいれば、痩せたものもいる。精神的には、悟ったものもいれば、迷っているものもいる。そういった価値づけをはなれた、生まれたままの裸の自分自身、それが「無位の真人」だ。

ただし、ここで臨済がいっている「無位の真人」とは、こころ（意識的な主体）ではなく、からだ（身体的な主体）である。

このふたつは、もちろん別個のものではない。この自分は「こころ」であると同時に「からだ」でもある。とはいえ、ここでの臨済は、もっぱら身体的な主体のほうにフォーカスしている。

身体的な主体

身体的な主体とは、意識的な主観という主体性をささえながら、より根源的にはたらいている主体性のことだ。

腕をあげようと意志する。すると腕があがる。そのさい腕をあげようとする意志のはたらきを生みだす脳の活動よりも、腕をあげるという指令を腕の筋肉におくる脳のはたらきのほうが、ほんのちょっとだけはやく活動するらしい。なんだかビックリである。

意志のはたらきに、われわれは意識的な主体性をみとめている。ところが、それよりまえに「からだ」そのものが、すでに腕をあげようという活動をはじめている。意識的な主体性は、身体的な主体性のはたらきを追認しているにすぎない。

ちょっと反省してみれば、意志によって身体のはたらきのすべてをコントロールするのが無理だということぐらい、すぐにわかる。

デカルト以来、自分を意識するものとして主体性は考えられてきた。しかしそれ以前に身体それ自体が主体性をもっているのだ。

生きている「からだ」

身体的な主体性は、腹がへったり、眠くなったり、まずは「欲」として意識される。欲それ自体は、意識的な自分によってはコントロールしきれない。この事実はだれしも知るところだ。ところが、欲をいだく意識的な自分の根っこに、よりファンダメンタルな主体性のあることに、ひとはなかなか気づけない。

たんに意志するだけでは、身体はうごいてくれない。くりかえし練習して身につけることによってしか、身体はうごいてくれない。欲やそれによって生ずる身体の変化もまた意志によってはコントロールしきれない。

主体性とは、意識や精神であるよりもまえに、まずは身体なのだ。そしてその身体とは、たしかに知覚の主体ではあるが、いまだ無名の非人称的な主体、すなわち「格づけされることのない」主体である、と臨済は洞察している。

その格づけされることのない主体のはたらきによって、実存のベースがかたちづくられる。主観性は、そこに内属しつつ、そこから超出してゆく。それが臨済のいう「顔からしょっちゅうでたり、はいったりしておる」という事態だ。

主体がなにかを知覚することとは、主体の身をもってする営みとむすびついている。からだによる知覚・行動の結果として、主体は生きものとしての意味をもつ。

身体的なプロセス（知覚・行動）とは、主体と環境とが意味を媒介として関係をとりもつことだ。この身体的な主体性こそ、臨済の禅をとらえるうえで、もっとも重要な観点である。

端的に「からだ」である

「身体とは精神によってあやつられるものであり、精神が現実の世界にはたらきかける道具となるような物質的ななにかである」というのが伝統的な身体観である。反省してみればすぐに気がつく。これは実感に反している、と。

精神は、現実世界にある物体を直接にうごかすことはできない（もしできたりしたら、それは超能力だ）。ところが、おなじく物質的なものである身体は、なぜかうごかすことができる。うごかすことができないはずの物質的な身体を、精神はどのようにしてうごかすことができるのか。まさにスキャンダラスな心身問題だ。

身体は、あらゆる意識が成立するとき、すでに前提されている。

ぼくの意識が世界に根づいているのは、身体を介してだ。意識が身体を介して世界に根づくとき、世界は地平をもったものとしてあらわれてくる。

ぼくは身体「をもつ」のではない。ぼくはこの身体「である」。

世界を知覚している自分は、対象として認識される実体ではない。しかし実存として端的にはたらいている。

自分であるとき、ぼくは「これが自分であることを知っている」といった内面的な「こころ」の状態をもっているわけではない。ひたすら端的に自分である。

この自分をいちいち対象として指示できないという仔細を、臨済は「格づけされることがない（無位）」といっている。

真の主体が「顔からしょっちゅうでたり、はいったり」するとは、五感をとおして外界とつながっていることだ。

身体にそなわった五感のはたらきは、肉体のなかから、いつでもでてゆき、いつでもはいってくる。真の主体とは、肉体のなかに閉じこめられた窮屈な囚人ではない。どこまでも自由にはたらきいづるアクティブなものだ。

このカチカチのウンコめ

僧が「無位の真人とはどういうものでしょうか」とたずねる。いったい「だれ」が「なに」についてたずねているのか。

臨済は高座をおりてきて、胸ぐらをひっつかんで「いえ、いえ」と迫る。無位の真人についで問うているものがまさに当の無位の真人にほかならないというのに、なにを寝ボケたことをいっとる、と。

胸ぐらをつかまえられながらも、真の主体「とはなんであるか」と、僧はさらに理屈をこねようとする。が、トッサにおもいつかず、ただ目を白黒するばかり。みずから真の主体であるという事実を、打てば響くようにあらわすことができない。

臨済はドンと突きはなす。話にならん、と。

ドンと突きはなすと、「カチカチのウンコ」ときめつける。せっかくの真の主体が、なんたる情けないざまだ。このカチカチのウンコめ、と。

こんなボンクラを相手に「無位の真人」なんていう大事な言葉を使うんじゃなかったと反省しながら、臨済は居間にもどってゆく。

「からだ」が考える

考えるという営みは、たしかに頭で考えるのである。その頭はというと、もちろん「からだ」の一部だ。

ひとは全身で考える。頭が考えているとき、足の裏がなにか別のことをしているということはない。

「こころ」に実体などないし、それをピックアップして語ることはできない。

一切のものごとは、「からだ」とともにあり、「からだ」によって経験されている。こころがあること、身をもって経験していること、これらはひとつのことだ。

格づけされることのない真の主体がいて、それが顔からでたり、はいったりしているとは、「ものと身体とが一如となるとき、こころのはたらきがあらわれ、それとともに世界があらわれる」ということだ。

「こころ」のはたらきを「からだ」の現象のうちにみるところに、臨済のものの見方の特徴がある。

「からだ」をととのえる

こころという「もの」はない。あるのはただ「こころのある身体のはたらき」だけ。したがって、修行によってこころを鍛え、こころを磨き、ひとつひとつ階梯（かいてい）をのぼってゆこうとする修行観は、迷いに迷いをかさねるような料簡（りょうけん）だ。

こころを修練するのではない。姿勢をただし、呼吸をととのえ、身体的なふるまいを修行するのである。

生身の「からだ」で坐る。ただ坐る。ひたすら坐る。

こころを吐きだすように、息をゆっくりと吐く。ゆっくりと吐きながら、自分をカラッポにしてゆく。

しずかに吸う。おだやかに吐く。からだが呼吸そのものになる。

からだに空気がはいってくる。からだから空気がでてゆく。ゆっくりと呼吸していると、やがて心身ともに澄んでくる。

生きものは本質的に「生きよう」とする存在だ。この生きものとしての本質的な性質が意識されると、それは欲になる。

欲はのべつ起こってくる。欲によって、ひとはときに罪をおかす。しかしながら、欲をもつからこそ、人生には意味があり、幸福もある。

悟りとは、欲をなくすことではない。喜怒哀楽の情を捨てることでもない。こころ、とりわけ意識のはたらきをなくして、からだの欲するままに自然にふるまえるようになることだ。

ひたすら坐りつづければ、それができるようになる。それは「こころ」の修行ではなく「からだ」の修行である、と臨済は説く。

問答9

手ぶらでどうするんだ

ある日、畑仕事にでかけるとき、臨済がうしろのほうからついてくる。黄檗はふりかえり、臨済が手になにももっていないのをみて「鍬はどうした」。

「だれかがもってゆきました」

「こっちへこい。そなたと議論しよう」

臨済は近づく。

黄檗は鍬をふりあげて「こいつは天下のなんぴとであろうとも、もちあげることはできん」。

臨済はその手から鍬をひったくり、ふりあげると「**おや、どうしてそれがしの手のなかにあるのでしょう**」。

黄檗は「今日はちゃんと畑仕事をしてくれるものがおったわい」というと、寺にもどってゆく。

わからないが楽しい！ クセになる解説

だれかがもっていった

臨済は鍬をもたずに黄檗のうしろをついてゆく。これから畑仕事をするというのに、手ぶらなのは奇妙である。

黄檗はふりむいて「鍬はどうした」とたずねる。臨済は「だれかがもっていった」という。**この「だれか」とは、いったいだれを指すのだろう？**

臨済は「生身のからだ（赤肉団）には格づけされることのない真の主体（無位の真人）がいて、顔からでたり、はいったりしている」といっていた。

じっさい鍬をふるって畑をたがやすのは、この「からだ」である。無位の真人なるものが、せっせと鍬をふるうわけではない。

肉体をうごかして作務をするとき、いったい無位の真人はなにをしているのか。

肉体と無位の真人とは乖離しているわけではない。とはいえ肉体が汗水たらして鍬をふるっているとき、無位の真人もまた生き生きとはたらいているかどうか、それが禅者でありうるかどうかの分かれ目だ。

もちあげることはできん

黄檗は「ひとつ議論しよう」と誘いかける。臨済は近づく。

誘われるまま無造作に近づくのは肉体のふるまいだ。**うかうかと近づこうものなら、かけがえのない無位の真人はお留守になってしまう。**

臨済が近づいてくると、黄檗は鍬をふりあげて「もちあげることはできん」という。肉体を超えた無位の真人のはたらきがあるとして、それはどういうふうに鍬をもちあげるのか、と。

無位の真人のはたらきは目にみえない。それを黄檗はあえて鍬という目にみえるものをふりかざして、「この鍬をどうやって非肉体的なものはもちあげるのか」と問いかける。

臨済はその鍬をひったくって「どうしてそれがしの手のなかにあるのか」という。ほれ、このとおり、もちあげられますよ、と。

この臨済のふるまいは、無位の真人になりきってみせたものとして肯定的にとらえるべきだろう。が、どうもひっかかる。せっかく赤肉団と無位の真人との関係という問題をもちだしながら、ただ鍬をひったくって「これこのとおり」といってみせるだけでは、しょせん肉体のはたらきにとらわれている。

臨済が鍬をもちあげたのをみて、黄檗は「ほお、その無位の真人とやらが鍬をふるって畑仕事をしてくれるのか。じゃあ、おまえさんにまかせよう。よろしく」というと、さっさと寺にもどってしまう。

鍬をもたされた臨済は、けっきょく肉体労働をやらされてしまう羽目になった。**黄檗にまんまと一杯食わされた**んじゃないかなあ。

「だれか」の正体は？

あるいは、こんなふうにも考えてみたい。鍬は畑をたがやす道具で、畑はみなの共同作務の場である。すなわち鍬とは黄檗のひきいる教団をつかさどる裁量権を意味しているのかもしれない。

はじめ臨済が鍬をもっていなかったのは、黄檗がそれをもっていたからだ。臨済は黄檗が鍬をもっているのをみて、うしろからつきしたがってゆく。

どうして鍬をもっておらんのかと問われ、臨済は「だれかがそれをもちだしたからだ」と答える。だれかとは、おそらく黄檗だろう。いま教団をひきいているのは黄檗です、というのが臨済の言い分だった。

黄檗にはすでに「そろそろ臨済に裁量権をゆずろう」という気持ちが芽生えていた。そこで「どちらが裁量するか、ふたりで相談しよう」といい、さらに鍬をふりあげて「この鍬は重たいぞ。天下のだれもがもちあげられないほどだ」という。この言葉には、長年その責務の重さに耐えてきた黄檗の実感がこめられている。

ぼちぼち楽になりたいという黄檗の意向を察した臨済は、鍬をとりあげて「おや、どうしてこれが拙僧の手にあるのでしょう」とトボケる。この鍬はうばいとったのではなく、おのずと自分の手にうつってきた。それが黄檗の意向なのだ、と。

臨済が鍬を受けとってくれたのをみて、黄檗は安心する。これでわが教団も安泰だ、と。

問答10

おなじ過ちをくりかえした

臨済が高座にのぼる。

僧がでてきてお辞儀をする。

臨済はすかさず大声でどなりつける。

「和尚、さぐりをいれないでください」

「さあいえ、どこをウロチョロしておる」

僧はすぐさま大声でどなる。

別の僧がたずねる「仏法の根本とはどういうものでしょうか」。

臨済はすかさず大声でどなりつける。

僧はお辞儀をする。

「いまどなったことの、なにがありがたいというのか」

「盗っ人はボロ負けだ」

「過ちはどこにあるのか」

「おなじ過ちをくりかえすことはゆるされません」

臨済はすかさず大声でどなりつける。

わからないが楽しい！ クセになる解説

さぐりをいれないでくれ

臨済が説法の座にのぼったとたん、僧はいきなりお辞儀をする。まだなにもきいていないのに、「ご説法、ありがとうございました」といわんばかりにお辞儀をする。臨済は親切にも大声でどなりつけてやる。この一喝は、およそ一義的に意味づけられるようなものではない。**臨済の全人格の吐露**だ。これをどう受けとめるかは、ひとえに僧の力量にかかっている。

どなりつけたこと自体に意味はない。リトマス試験紙のようなものだ。それにたいする僧の反応によって、その正体をみきわめる手がかりになる。

臨済がどなったことを、僧は自分にたいするさぐりと受けとる。そして「ひとの肚をさぐるようなマネはやめてください」となじる。

いきなりお辞儀をするという派手なパフォーマンスをやってみせたくせに、いざ大声でどなられたら、「おっかない声でどなるのはよしてくれ」と腰くだけ。

「さぐりをいれないでくれ」という言葉によって、いきなりお辞儀をしたのは、むしろ僧のほうからさぐりをいれていたってことが、はからずも明らかになってしまった。語るに落ちるというやつだ。

どこをウロついておるのか

へっぴり腰の僧にたいして、臨済は「さあいえ、どこをウロチョロしておる」と迫る。原文は「你道（なんじい）え、什麼処（いずこ）にか落在（らくざい）する」である。

入矢本はこれを「お前は今の喝はどこに収まったと思うのか」と訳している。さっきわしが大声でどなったことは、どこにおさまったのか、いうてみよ、という理解である。

ぼくは「そなたの無位の真人はいったいどこをほっつき歩いておるのだ」というふうに理解したい。逃げ腰になっている僧の首根っこをつかまえて、そんなふうに弱音を吐くそなた自身の主体性はどこにあるんだ、と僧の立脚点をたずねている。

臨済のいう「どこ（什麼処）」を、大声でどなったことの落ちつきさきとみるか、僧の真の主体のありかとみるか、このちがいは重要である。

僧はうろたえながら大声でどなりかえす。臨済の境地をさぐろうとしたことにうしろめたさを感じつつも、「それがしはここにおります」と強がってみせる。

どこをウロついておるんだと迫られ、いまさらながら「そうか、主体性をもとめられていたのか」と気づいたが、時すでに遅し。ヤケクソのように大声でどなりかえし、その場からトンズラ。

なにをありがたがっておるんだ

このやりとりを（たぶん）みていた別の僧が、「さっきの僧は、肝心のことを問うまえにアッサリとあしらわれてしまった」とみてとる。そして生意気にも「臨済なにほどのものぞ」とばかり、「仏法のいちばん根本のところとはなにか」という定番の問いをぶつける。

これが仏法の根本のところだ、と臨済は大声でどなりつける。一言でズバリと説いてくれという要求にズバリとこたえてやる。

仏法の根本のところとは、黄檗が「こころこそが仏である（即心是仏）」と喝破したとおり、自己のこころが仏であると知ることにほかならない。自己におけるギリギリの消息について、それを他人にたずねるとは、**なんたるトンチンカン**だ。

臨済に大声でどなられ、僧はお辞儀をする。

「なるほど仏法の根本のところとは、そうやって大声でどなりつけることなのですね」と受けとったのなら、ひどく素直だ。けれども、もの足りない。

なにもわかっていないくせに「お示し、かたじけない」とわかったふりをしたのなら、こざかしい。化けの皮をひっぺがしてやらなければならない。

臨済は「なにをありがたがっておる」とたずねる。すると僧は「盗っ人はボロ負けだ」とわめく。

この盗っ人とは、臨済のことだろうか？　それとも僧みずからだろうか？

臨済のことだとしたら、「コソ泥がシッポをだしおった。大声でどなったことの是非をたずねるとは、それでも師家といえるのか」ときめつけている。

僧自身だとしたら、「高名な臨済和尚をやりこめるという手柄を盗もうとして、かえってドジをふんでしまいました」と泣き言をいっている。

臨済は「過ちはどこにあるのか」とかさねて問う。

これは臨済の過ちだろうか？　それとも僧の過ちだろうか？

前者であれば、臨済はいよいよ下手にでて、わしのどこがわるかったのかな、と僧をさらなる深みに追いこんでいる。

後者であれば、僧がおのれの過ちをみとめたので、「そなたの過ちはどこにあったのかな」と問いただしている。

僧は「おなじ過ちをくりかえすことはゆるされません」という。

おなじ過ちをくりかえしたのは、臨済だろうか？　それとも僧だろうか？

臨済だとすると、てっきり臨済が非をみとめたのだとおもい、「今度おなじミスをやらかしたらゆるしませんぞ」と叱りつけ、イニシアチブをとったつもりになっている。

僧自身だとすると、「さっきの僧とおなじ過ちをくりかえしてしまいました」とベソをかいている。さっきの僧が自分のことを棚にあげて「さぐりをいれんでくれ」といったように、自分もまた主体性のないままに「盗っ人はボロ負けだ」といってしまいました、と。

臨済は大声でどなりつける。「いやはや、なんともオメデタイやつだ。しっかり目を覚ませ」と一喝して、**僧にとどめを刺す**。

さきの僧にも、あとの僧にも、臨済は一貫して「みずからの主体性を生き生きとうちたてよ」ともとめている。

問答11

どちらが主で、どちらが客か

ある日、東の僧堂の首座(しゅそ)と西の僧堂の首座とがでくわし、**ふたり同時に大声でどなりあう。**

僧が臨済にたずねる「いったい主と客という区別はあるのでしょうか」。

「主と客とはハッキリしている」

臨済はさらに「皆の衆、わしのいう主と客との意味がわかりたければ、東西の堂のふ

たりの首座にたずねるがよい」というと、すぐに高座をおりる。

わからないが楽しい！ クセになる解説

ふたり同時にどなりあう

東の僧堂と西の僧堂と、それぞれの首座がバッタリとでくわし、ふたり同時に大声でどなる。当時、世間では「臨済の喝」といえば知らないものがないくらい有名だった。首座たちは臨済のマネをする。わしらのお師匠さんの得意技はこれだよね、と。

ふたりの首座がまったく同時にどなりあうのをみた僧が、「どっちが主で、どっちが客でしょうか」とたずねる。ひとしく無位の真人であるならば、どちらが主となっても客となってもかまわないのではないか、と。

臨済は「主と客とはハッキリしている」といって平然としている。それだけで、どちらが主だとも客だともいわない。
「主と客とはハッキリしている」と断言しているのだから、もう答えている。ところが僧はいまひとつ釈然としない顔。臨済は「ふたりの首座にたずねてみよ」とうながす。

たがいに大声でどなりあうとき、みずから主体としてハツラツとはたらいていれば、そのものは主だ。そうでなければ、そのものは客となっている。

意識と身体とのあいだに葛藤があるとき、主体性はひどく動揺する。このふたつが調和しつつはたらいているとき、はじめて主体性はハツラツとかがやく。

ひとくちに自己認識といっても、そこには「意識的な主体性」と「無意識的な身体の主体性」という二重性がからんでいる。

どういうふうに自己を認識しているか、ふたりの首座にたずねてみよ、と臨済はいう。

「みずから」やるとは

自分がやることと、自分を意識することとは、およそ関係がない。そのことは「みずから」やるといえる場合といえない場合とをくらべてみればわかる。

ケーキを食べるとき、だれかに口のなかにケーキを押しこまれるなら、みずから食べるとはいえない。催眠術をかけられてケーキを食べるのも同様である。

ふつうなにかをやるというのは、なにかが積極的に起こっていることを基準にする。だが「みずから」やることを考えるときは、なにも異常なことが起こっていないという消極的なことを基準にする。いかにも自分というものを意識していなければならないような気もするが、それは「みずから」やるかどうかということとは関係がない。

催眠術をかけられてケーキを食べているとき、「自分はいまケーキを食べている」といくら意識したとしても、みずからケーキを食べるとはいえない。

自分を意識することは、みずからやることの基準にならない。意識する自分は、みずからの行為の真の主体ではない。

自己の構造は二重になっている。まずは「無位の真人」が主体となって行為がおこなわれる。みずからの行為を意識するよりまえに、すでに身体的な主体性はうごいている。意識としての自分はそれをただ追認するだけ。

意識以前にはたらいている無位の真人は、すでに表情や態度にあらわれている。「隠すより現る」という言葉もあるように、隠そうとすればするほど、かえって他人にバレバレだったりする。

問答12

いえてもダメ、いえなくてもダメ

臨済は、徳山和尚が大衆をみちびくさい「**ピタリといえても三十棒*をくらわすし、いえなくても三十棒をくらわす**」といっているときいて、侍者の楽普に「どうしてピタリといえても三十棒なのかとたずねよ。そして奴さんが打ってきたら、その棒を受けとめ、グイと押しもどし、奴さんがどうするかをみてこい」と命ずる。

楽普は徳山のもとにゆき、教えられたようにたずねる。

はたして徳山は打ってくる。

楽普はその**棒を受けとめ、グイと押しもどす。**

徳山はさっと居間のほうへ帰ってしまう。

楽普がもどってきて事の次第を報告する。

「わしは以前からあいつは只者（ただもの）ではないとにらんでおった。ところで、そなたは徳山和尚のことをちゃんとみてとってきたか」

楽普はなにかいおうとする。

臨済はすかさず打つ。

---

*三十棒　三十とは、じっさいに打つ数ではなくて、きびしく打ちすえるということ。

わからないが楽しい！ クセになる解説

ニッチもサッチもゆかない

なにか「いえ」と命ぜられ、なにかいうとピシャリと打たれる。「いえ」といわれても無視すると、やはりピシャリと打たれる。ダブルバインドからのがれられず、進退きわまってしまう。

真理について、言葉でいえば真理をそこなう。言葉でいわなければ真理からはなれる。真理はそもそも言葉で他人に伝えられるものではない。おのおの体得するよりほかない。言葉でいえるかどうかは、ひとまず真理とは関係がない。

どうして関係のないことに拘泥するんだ、と三十棒をくらわす。

「いえても」「いえなくても」というのだから、ここはひとつ発想を逆転させて、はなから一言もいわなければどうだろう。言葉にしようとするから三十棒をくらってしまう。

ところが、ダンマリをきめこもうとしても、おそらく徳山はゆるしてくれない。「なにかいえ」と迫ってくるにちがいない。

受けとめ、押しもどす

臨済は楽普に命ずる。「徳山が打ってきたら、その棒を受けとめ、グイと押しもどせ」。楽普はそれを実行する。すると徳山は、ただちに居間のほうに帰ってしまう。この徳山の対応の意味は、二通りに考えられる。

A．楽普はしょせんお使いでしかない。主体性がなんにもない。そんなやつの相手はできん、とひっこんだ。

B．楽普に棒を受けとめられ、さらにグイと押しもどされて、徳山はなすすべもなく、すごすごと居間へとひきあげた。

ふつうAで理解するとおもう。でも、あえてBで考えると、どうなるだろう。

修行者をみちびく手段として、徳山は棒で打つ以外のすべをもっていなかった。だれにたいしても棒で打つことしかできない。いつもどおり楽普を打とうとして、その棒を受けとめられ、さらにグイと押しもどされてしまい、徳山はあっさり降参。老いた徳山は、若い楽普の体力のまえに、「こりゃかなわん」とシッポを巻いて退散。

こんなふうに考えると、臨済の「わしは以前からあいつは只者ではないとにらんでおった」という徳山評は、わしはまえからあいつはニセモノじゃないかと疑っておった、とまるっきり否定することになってしまう。

どう考えてもBはちがう。やはりAでゆこう。

主体的にかかってこい

徳山は「禅において是非ともいわなければならない一句、それをズバリといってみよ。ただし、いえても三十棒、いえなくても三十棒だ」というダブルバインドに追いこむ。相手をどうしようもない窮地に追いこみ、「さあどうする」と迫るというのは、禅における常套（じょうとう）のやりかただ。

なにかしら問いがあり、それにたいする答えがある。それが尋常の問答である。ところが徳山は、あらかじめ「いえても三十棒、いえなくても三十棒だぞ」と釘を刺す。

じゃあ徳山は、なんにも問うていないのか？　そんなことはない。いまさら問うまでもなく、すでに問われている。もっとも大切な一句はなにか、それをいってみよ、と。

いえても三十棒、いえなくても三十棒とは、どうやってもダメだと理不尽にきめつけているわけじゃない。師の意を体して「これでどうでしょう」というような受け身の対応をするのではなく、**師に逆らうくらいの主体的・創造的な気概でかかってこい**といっている。

臨済は、そういう徳山のやりかたを先刻承知している。言葉でいうだけでは十分でないギリギリのところとはなにか、という徳山の問われざる問いに答えるには、おのれの主体性をいかに示すかが大事になる、とわきまえている。

臨済はアドバイスする。徳山の突きだしてくる棒、つまり徳山の主体性をしっかり受けとめ、それを押しもどす、つまり自分の主体性を徳山の主体性とむきあわせる、そういうやりかたでゆけ、と。

徳山が棒で打ってきたとき、楽普は棒を受けとめ、グイと押しもどす。受けとめ、それを押しもどすというのがミソ。ただ打たれるままにしないで、押しもどす主体性を示してみせる。

棒を受けとめられ、さらに押しもどされると、徳山はスタコラさっさと居間に帰ってゆく。それが**正解だとはいわないで、「そうか」と帰ってしまうあたり、じつに水際立っている。**

徳山は、楽普のやりかたをみて「おお、わしの問いを見事に受けとめおった。しかも自分の主体性をちゃんと言葉を超えた行動で示しおった」と感心した。感心はしたものの、その楽普のやりかたが、はたして本人のものかどうか、いささか不安をおぼえた。だれかに策をさずかってきただけで、みずからの主体性ではないんじゃないか、といった疑いをいだきつつ、ひとまず居間にひきあげる。

おまえ自身はどうか

もどってきた楽普の報告をきいて、臨済は「やっぱりな」と徳山のやりかたの意図を知る。そして「あいつは只者ではないとおもっていたよ」と徳山の力量をみとめる。

「ところで、おまえは徳山のことをちゃんとみてきたか？　さっさと居間に帰ってゆく行為にあらわれた徳山の境地をみぬいたか？」とあらためて楽普にたずねる。「徳山はおまえをみた。楽普、おまえ自身はどうなんだ」と問いただす。

楽普は、徳山がなぜ居間にひきあげたのか、まるでピンときていない。「徳山をちゃんとみてきたか」といわれても、どう答えてよいやら、まったくお手上げ。

楽普は、いいつけられたことをやっただけ。自分はどうしたいのかという意志がない。

棒を受けとめ、押しもどすのは、相手にたいする自己のありかたを身体的・行為的に表現することだ。自分と徳山とのあいだに、そういうギリギリの主体性のやりとりがあったことに、楽普はまるっきり気づいていない。教えられたとおりに、ちゃんとやれた。ところが、いざ自分の番となったら、ちっともやれなかった。

せっかくの無位の真人も、ほったらかしのままではデクの坊だ。「みろ、これがオレだ」とみずから身体的・行為的に表現しなければならない。臨済は楽普にそれをやらせた。徳山はそれを受けとって居間にもどる。おまえさんの自己をみたよ、と。臨済は「徳山はおまえをみた。で、おまえは徳山をみたのか？」と楽普にたずねる。楽普はヘドモドするばかり。なんだ、ちっともみてないじゃん、とピシャリ。臨済は「これがおまえの受けるべき三十棒だ」と徳山の代わりに打つ。

楽普にもうちょっと甲斐性があったら、徳山にどんなふうに応対しただろうか。

いえると三十棒をくらう。いえないと三十棒をくらう。「いえる」か「いえない」かしか選択肢がないとすれば（じっさいないとおもうが）、どうやっても三十棒をのがれられない。だとすれば、その棒を徳山の手からうばいとるしかない。

棒を受けとめ、押しもどす、という臨済のやりかたもよい。けれども、**棒をうばいとって、それで徳山を打ったら、なにが起こっただろうか。**

問答13

ささっとお辞儀をせんか

定上座がやってきてたずねる「仏法の根本とはどういうものでしょうか」。

臨済は坐禅をしていた椅子をおりてきて、胸ぐらをひっつかむとピシャリと平手打ちをくらわし、ドンと突きはなす。

定上座は茫然とたちすくむ。

かたわらの僧がいう「定上座、なぜお辞儀をしないのです」。

定上座はお辞儀をしたとたん、はたと悟る。

わからないが楽しい！ クセになる解説

本気のぶつかりあい

定上座が必死のおももちで「仏法の根本はなんでしょうか」と問う。いやしくも上座として尊敬されるべき身分のものが、いまさら発するような問いではない。けれども問わずにおれなかった。

本気の問いだったのだろう。だから臨済も本気をだす。

大声でどなるのではない。棒で打つのでもない。坐禅をしていた椅子からおりてきたか

＊定上座　定はこの僧の姓。上座は僧伽（そうぎゃ）（僧の集団）における年長かつ有徳の修行僧にたいする敬称。

とおもうと、胸ぐらをグイとひっつかみ、横っつらをピシャリと打ち、ドンと突きとばす。依存するな、と。甘えるな、と。ここが正念場だ、と。

定上座が絶望しかかっているのを、臨済はみてとった。**絶望の淵であえいでいる定上座であって、はじめて臨済のグイ・ピシャリ・ドンは目覚めの機縁でありうる。**臨済は黄檗に三度問うて、三度打たれた。それと似たような感じである。相手に見込みがあるとおもうからこそ、臨済はおのれの全体作用をあらわし、それによって仏法の大意を丸出しにしてみせる。

これが臨済の家風だ。くだくだしく「こうしろ、ああしろ」とはいわない。真理は教えられない。自覚するよりほかない。

平手打ちをくらわし、突きはなすのは、大声でどなったり、棒で打ったりするのとおなじく、相手に覚醒をうながしている。相手のからだに痛みをあたえ、頭だけで考えている状態からぬけださせ、その主体性をよびさます。

ポカンと棒立ち

グイ・ピシャリ・ドンをくらい、定上座はポカンと棒立ち。反抗するわけではない。腰くだけになるのでもない。自分がなにをしたのか、臨済になにをされたのか、なんにもわからないまま、「なんだこりゃ」と茫然自失。お辞儀をすることも忘れてたちつくす。

ところが定上座にとって運のよかったことに、かたわらに僧がいた。「せっかく教えを受けたのに、なぜお辞儀をせんのだ」と定上座をいさめる。

ぬるま湯につかっていることを禅はゆるさない。いつまでもポカンとしてないで主体的にふるまえ、と迫る。受け身になるな、と。

仏法のギリギリのところを問い、グイ・ピシャリ・ドンとやられ、定上座は呆気にとられてしまった。ポカンと棒立ちになってしまった。このこと自体をどう評価すればよいのか。

常識的に考えれば、まるでダメといえそうだ。けれども、上座とよばれるほどのベテランでありながら、こうも率直にポカンとなれてしまうあたりに、ぼくはどうも只者じゃない感じをおぼえる。

すっきりと悟るためには、いったん身ぎれいなカラッポにならなければならない。そういう仔細があるんじゃないだろうか。

すっかりポカンとしてしまい、悟るための機運はととのった。それをみてとった僧は、「ほら、お辞儀をせんか」とうながす。

お辞儀をしたとたん、定上座はピンとくる。答えはすでに定上座のうちに育っていて、お辞儀をした拍子に、憑きものが落ちるっていう感じで、**ストンと悟る。**

臨済は「元来黄檗の仏法多子無し」と悟った。ここでの定上座もおなじだろう。臨済の禅は、ちっとも深遠なものじゃなくて、自身があるがままで仏にほかならないという、そのものズバリの端的なものなのだ、と腑に落ちた。

無我の境地とは？　おのれを捨て去るとは？　定上座もいろいろ考えてきた。それらはすべて頭で考えたことだった。

いくら無我になるといってみても、平手打ちされ、突きとばされれば、痛いと感じる。この痛みを無にすることはできない。痛みを感じる「からだ」であること、ここに生きているという事実はある。

愛のあるグイ・ピシャリ・ドンをこうむり、定上座はすっかり素の自分にもどって棒立ち。どこからか「お辞儀は」という声がきこえてくるや否や、熟した果実がポトリと枝から落ちるように、定上座はすんなりお辞儀をしてしまう。**そこに仏法の根本義はあった。**

問答14

どちらにも礼拝しない

臨済がダルマの墓塔のある寺院にゆく。

墓守(はかもり)がいう「長老はブッダを礼拝しますか、それともダルマを礼拝しますか」。

「ブッダにもダルマにもどちらにも礼拝しない」

「ブッダやダルマになんの恨みがあるのですか」

臨済はさっさと立ち去る。

ダルマか、ブッダか

由緒のある寺をおとずれる。そこには禅宗の祖であるダルマがまつられている。もちろん仏教の祖であるブッダもまつられている。

寺の墓守がやってきて、観光案内よろしく「まずは本堂にまつられたお釈迦さまにお参りしますか、それとも祖師（ダルマ）のお墓のほうに詣でますか」とたずねる。ブッダを重んずるのか、ダルマを重んずるのか、と。

禅の宗旨としては、どちらかを尊ぶということがあってはならない。墓守の問いかけは、「寿司とスキヤキとどっちが好物か」とたずねるような愚問のようにみえて、どうしてなかなか油断のならない問いだ。

臨済は「どちらにも礼拝しない」といいはなつ。

ダルマであれ、ブッダであれ、自分と別のところにいる礼拝の対象ではない。この自分とおなじく悟りをめざして修行した先達である。いたずらに崇拝の対象としてしまうと、身をもってする修行を放棄することになりかねない。

この姿勢は、みずからダルマやブッダとして生きてゆくという気概をあらわしている。身をもってダルマやブッダとして生きること、それこそが真に礼拝することにほかならない。臨済は、**どちらにも礼拝しないというかたちで、じつはどちらにも礼拝している。**

せっかく名刹をおとずれたのにどちらにもお参りしないのでは、なにをしにきたのかわからない。墓守は「なんぞ恨みでもあるのかいな」といぶかしむ。臨済はさっさと辞去する。**こんなやつを相手にしていてもしょうがない、**と。

拝むものなどない

ブッダやダルマという自分とは別のものが外にあって、それをありがたく礼拝するというのは、およそ禅者のありかたではない。そもそも礼拝の対象など存在しない。この自分以外のなにかにすがってはいけない。むやみに礼拝の対象としないことは、それに「すがる」ことはしないという旗幟を鮮明にしている。

仏法それ自体にかたちはない。だから仏法なるものを対象的におがむことはできない。かたちのない仏法を礼拝せよといわれたって、どちらをむいて礼拝したらよいかわからない。ただし、みずから坐禅にいそしんで、仏法そのものを身をもって実践することはできる。

問答15

くんずほぐれつ去ってゆく

麻谷（まよく）がやってきて、坐具（ざぐ）を敷きながらたずねる「**十二面観音はどれが正面かな**」。

臨済は坐禅の椅子からおりてくると、片手で（麻谷の敷いている）坐具をとりあげ、片手で麻谷をひっつかまえていう「十二面観音はどこにいったのか」。

麻谷は身をひるがえして（臨済が坐っていた）坐禅の椅子に坐ろうとする。

臨済は杖で打つ。

麻谷はその杖を受けとめ、臨済と組みあいながら居間にはいってゆく。

わからないが楽しい！　クセになる解説

あんたが観音さまか

麻谷は、坐具を敷きながら「十二面観音はどれが正面かな」とたずねる。坐具を敷くという動作は、それに坐って礼拝しようということだろう。

麻谷は、臨済のことを礼拝の対象に祭り上げようとする。**おまえさんは礼拝されるに値する禅者かな、**と。

臨済は、坐具をとりあげるや、胸ぐらをひっつかんで「十二面観音はどこにいったのか」と問いかえし、逆に麻谷を観音さまに祭り上げようとする。あんたのほうこそ礼拝されるに値する禅者なのかい、と。

麻谷の「十二面観音はどこが正面か」にたいする臨済の「十二面観音はどこかにいってしまったのか」は、あざやかな返答である。ぼくは感心した。麻谷も感心しただろう。十二面観音がどこかにいってしまったとでもいいたいのか？　十二面観音は、この娑婆（しゃば）にあって衆生を救おうとする立場を捨てたりはしない。十二面観音は、あらゆる方向をむいて、すべての迷える衆生を救おうとしている。特定の方向だけをむいているわけじゃない。だから**十二面観音に正面などあるはずはない**。

麻谷はやにわに身をひるがえし、臨済の坐っていた椅子に坐ろうとする。「どれ、わしがそこに坐ってみてやろう」と、みずから観音になって上座に坐ろうとする。

臨済は「あんたは観音じゃない」と麻谷を杖で打つ。わしこそが観音だ、と。

ひとしきりやりあったあと、からまるように組みあいながら、ふたりは居間にはいってゆく。観音さまと観音さまとが肩を組んで、たがいにくんずほぐれつ、いっしょにニヤニヤしながら去ってゆく。

この「からだ」を生きる

こんなふうに読むと、ふたりは互角ということになる。すこし甘ったれた読みかもしれない。甘さひかえめで読むならば、つぎのようになる。

麻谷は、臨済の目をみつめ、その杖の重みを全身でしっかり受けとめる。

受けとめる「からだ」をもつ以上、正面をもたざるをえない。ひとたび正面をもてば、自分の立場からしかこの世をみることができない。おのれの立場にとらわれてしまうと、世界の真のすがたをとらえることはできない。

この生身のからだを生きながら、いかにすれば十二面観音のように世界をあまねくみることができるだろう？

「からだ」をして自由ならしむべく、すべからく修行にいそしむべし。おたがい十二面観音のようにありたいものだ。さ、いっしょに居間にいって茶でも飲もうじゃないか、とふたりは居間にむかう。

問答16

よくきたのか、わるくきたのか

臨済が尼僧にたずねる「よくきたのか＊、わるくきたのか」。
尼僧は大声でどなる。
臨済は棒をふりかざして「もう一言いえ、もう一言いえ」。
尼僧はまたぞろ大声でどなる。
臨済はすぐさま打つ。

＊よくきた（善来）　おとずれてくる修行者を歓迎する言葉。

わからないが楽しい！　クセになる解説

なにをしにきた

「よくきた（善来（ぜんらい））」とは、入門者をむかえいれる挨拶だ。それに「わるくきた（悪来）」がくっつくことによって、ただの挨拶がいきなり勘弁になる。

「善来か、悪来か」の意味はひとつに限定しがたい。悟ってきたのか、迷ってきたのか。善意できたのか、悪意できたのか。要するに、なにをしにきた、ということだろう。

臨済の意図をさぐるべく、ひとつ思考実験をこころみよう。

ひょっとすると臨済院はこのころ女人禁制だったのかもしれない。

尼僧は「わたしは女性であることを捨てている。入門をこばまれることはないだろう」とおもっていた。ところが、臨済は「ここは尼僧のくるところではない」という。

「臨済ともあろうものが、女人であることを理由にこばむとはなにごとか」とばかり、尼僧はすぐさま大声でどなる。善だの悪だの、男だの女だの、そんなところにはおりません、という気合い。

だが、**大声でどなるだけでは、いまひとつ足りない。**尼僧なりの面目を示すべきである。

もう一言いえ

尼僧の形相をみるに、なかなかの覚悟のようだ。臨済は「もう一言いえ」とうながす。「おまえさんの気合いはわかった。挨拶はそれでよいとして、さらに独自のものを示してみよ」と迫る。しかも棒をふりかざして迫ったのだとすれば、尼僧としてはビビッてしまいそうである。ここが性根のすえどころだ。

大声でどなるのは臨済の十八番。ただし、それ自体に格別のはたらきがあるわけではない。問うという言語活動があるとき、それに答えるべく、大声でのどなりつけは発せられる。臨済のマネをするにしても、やみくもに大声でどなるだけではダメ。なんらかの言語活動がともなっていなければならない。臨済は「わしのマネをするにしても、そこには言葉が必要だ。もう一言いえ」とうながす。

進退きわまった尼僧は、ビビりながらもう一度、大声でどなってしまう。残念ながら「もう一言」をうまく発することはできなかった。

大声でどなるというシンプルなやりかたは、ひとつまちがうと、ただのモノマネである

郵便はがき

料金受取人払郵便

渋谷局承認

6974

差出有効期間
2024年12月
31日まで
※切手を貼らずに
お出しください

150-8790

130

〈受取人〉
東京都渋谷区
神宮前 6-12-17
株式会社ダイヤモンド社
「愛読者係」行

フリガナ		生年月日	男・女
お名前		T S H　年　月　日生　年齢　歳	
ご勤務先 学校名		所属・役職 学部・学年	
ご住所 (自宅・勤務先)	〒 ●電話 (　　)　●FAX (　　) ●eメール・アドレス (　　)		

◆本書をご購入いただきまして、誠にありがとうございます。

本ハガキで取得させていただきますお客様の個人情報は、以下のガイドラインに基づいて、厳重に取り扱います。

1, お客様より収集させていただいた個人情報は、より良い出版物、製品、サービスをつくるために編集の参考にさせていただきます。
2, お客様より収集させていただいた個人情報は、厳重に管理いたします。
3, お客様より収集させていただいた個人情報は、お客様の承諾を得た範囲を超えて使用いたしません。
4, お客様より収集させていただいた個人情報は、お客様の許可なく当社、当社関連会社以外の第三者に開示することはありません。
5, お客様から収集させていただいた情報を統計化した情報（購読者の平均年齢など）を第三者に開示することがあります。
6, お客様から収集させていただいた個人情報は、当社の新商品・サービス等のご案内に利用させていただきます。
7, メールによる情報、雑誌・書籍・サービスのご案内などは、お客様のご要請があればすみやかに中止いたします。

◆ダイヤモンド社より、弊社および関連会社・広告主からのご案内を送付することがあります。不要の場合は右の□に×をしてください。　不要 □

①本書をお買い上げいただいた理由は？
（新聞や雑誌で知って・タイトルにひかれて・著者や内容に興味がある　など）

②本書についての感想、ご意見などをお聞かせください
（よかったところ、悪かったところ・タイトル・著者・カバーデザイン・価格　など）

③本書のなかで一番よかったところ、心に残ったひと言など

④最近読んで、よかった本・雑誌・記事・HPなどを教えてください

⑤「こんな本があったら絶対に買う」というものがありましたら（解決したい悩みや、解消したい問題など）

⑥あなたのご意見・ご感想を、広告などの書籍のPRに使用してもよろしいですか？

1　実名で可　　2　匿名で可　　3　不可

※ご協力ありがとうございました。

ことを露呈してしまう。まして棒をつきつけられ、それにうながされるように大声でどなるようでは、すっかり気合い負け。

尼僧はどうすればよかったのか。

たとえば、臨済の棒をひったくって、逆にピシャリと打つ。あるいは数歩しりぞいて、

「明日、またきます」といってひきさがる。

棒をひったくって打つのは、気合いは十分だけど、教えを乞おうとするひとにむかってそういう乱暴をするのはよろしくない。こりゃかなわん、と逃げられてしまいそうだ。

「明日、またでなおします」のほうがマシだろう。いちおう「一言」いったことになる。しかし迫力にはとぼしい。ただちに入門ということにはならないかもしれない。

やはり効果的な「一言」が必要だろう。ふむ。そうだなあ、「女だとおもってバカにしているのか、このセクハラじじい」と啖呵（たんか）をきるっていうのはどうだろう。

問答17

けっきょく意味などない

龍牙（りゅうげ）がたずねる「ダルマがインドからやってきた意味とはなにか」。

「そこの背もたれをよこしてくれ」

龍牙は背もたれを臨済にわたす。

臨済は受けとるや否や（その背もたれで）すぐさま打つ。

「打つのは勝手だが、けっきょくダルマがインドからやってきた意味はないな」

龍牙はそれから翠微のところにいってたずねる「ダルマがインドからやってきた意味とはなにか」。

「そこの坐布団をよこしてくれ」

龍牙は坐布団を翠微にわたす。

翠微は受けとるや否や（その坐布団で）すぐさま打つ。

「打つのは勝手だが、けっきょくダルマがインドからやってきた意味はないな」

龍牙が寺の住職となったあと、ある僧が入室して教えを乞うていう「和尚が行脚しておられたおり、ふたりの尊宿（徳の高い僧）に参ずる機縁をもたれましたが、ふたりの応援を受けいれたのですか」。

「受けいれたことはしっかり受けいれたが、けっきょくダルマがインドからやってきた意味はないな」

ダルマがやってきた意味

臨済は、背もたれで龍牙を打つ。翠微は、坐布団で龍牙を打つ。

入矢本の注には「禅版とか蒲団といった日常のモノを即座に祖師意としてはたらかせた手並は認める。しかしふたりはそれぞれにその方便法門のなかで自己完結している。モノは祖師意のシンボルとなってはいる。しかしつまりは祖師意そのものになり切れてはいないのだ」とある。

臨済は背もたれで打ち、翠微は坐布団で打ち、そこにダルマがインドからやってきた意味（祖師意）のあることを示そうとしたけれども、龍牙はそのいずれも不十分だとみなした、という理解である。

なるほど筋はとおっている。しかし背もたれや坐布団で「打つ」ことに気をとられすぎじゃないだろうか。

もしダルマに中国の衆生を救済してやろうといった意図があったりすれば、それはダルマ自身が迷っていることになる。とはいえ、なんの意図もなく、ただの物見遊山で中国にやってきたはずもない。

臨済は、背もたれをわたす行為によって、龍牙にダルマが中国にやってきた意味を身をもって体験させようとした。背もたれをわたす行為に、はたして意図があるかどうか、みずからの「からだ」で気づかせようとした。

そういう意識はあるのか

臨済が龍牙に背もたれをよこすように命じたことに注目すべきである。その背もたれで打ったことに、どうしても目がゆきがちだけれども。

龍牙が背もたれをわたすとき、わたそうとする意図はあっただろうか？　そうしている最中にあって、そうしようという意図は、ことさら意識されてなどいなかったんじゃないだろうか。

ダルマはインドからやってきた。そこに中国の衆生を救済してやろうといった気負いなど微塵（みじん）もなかった。

背もたれをわたすことも、なんの気負いもないごく自然なおこないである。臨済はそのことを龍牙に体感させようとした。ところが龍牙は、ただ命ぜられたとおりに手わたしただけ。で、臨済は打つ。

龍牙は、背もたれで打つことにダルマがインドからやってきた意味はない、とダメ出しをする。

龍牙はみずからの「背もたれをわたす」という身をもってする行為に留意せず、もっぱら背もたれで打たれたことだけに注目する。打つというやりかたは、大声でどなるのとおなじく、臨済一流の教えかたにすぎない、と。

このやりかたは、経典の解釈で頭がいっぱいになっている修行者にむかって「頭で理解するのではなく、身をもって体感せよ」と教えるのには、なるほど有効だろう。しかし龍牙は、そういう指導法では落ちこぼれるものもでてくるだろう、と危惧する。

龍牙は、このさい翠微にも、そのあたりのことを確認してみようとおもう。はたして翠微のやりかたも臨済といっしょ。龍牙はそこに臨済とおなじ流儀をみてとる。

背もたれや坐布団を身をもって「わたす」さい、そこに意図は介在しているのか？「こころ」のみならず「からだ」のありかたをも自覚せよ、と臨済と翠微とは教えている。龍牙は、それを受けとめそこねた。

だから打たれて当然だろう。けれども、禅の指導における新しいやりかたをもとめる龍牙なりの模索も買ってやりたいような気もする。

のちに臨済および翠微とのいきさつの趣旨をたずねられ、龍牙はまたしても「ダルマがインドからやってきた意味はない」という。

そのつど相手はちがっていても、一貫しておなじ言葉を吐いている。この問答のおもしろいところだ。

からだは手ではこべない

ダルマがインドからやってきた無償の行為のありかたを、臨済や翠微は背もたれや坐布団をもってこさせることで表現しようとした。それはわかる。が、そこにダルマがインドからやってきた意味はない、と龍牙はいう。もっと別なやりかたで示せないものか、と。

ダルマがはるばるインドからやってきた意味は、背もたれや坐布団のように、手でもってはこべるものではない。

「なんで手でもってくるんだよ。そんなところに意味はないよ」とピシャリ。「打ちたければ打てばよいが、そこにも意味はない」とかえす。傍目でみているぶんには、なんだか犬も食わないようなやりとりだ。

ダルマがやってきたことに意味はある。背もたれや坐布団をもってくることにも意味はある。ただ、ことさらな意図がないだけ。

翠微や臨済は「コレをもってこい、アレをもってこい」と命じておいて、もってきたらピシャリと打つ。おまえさんが頼まれたものをもってくるみたいにホイホイと注文にこたえてやらないのが、おまえさんのためだ、と。

坐禅にもちいる道具は、ひとに頼んでもってきてもらえる。しかし坐禅することは、みずから身をもって坐るしかない。坐っているからだを、みずから手ではこぶことはできない。ただひたすら坐るのみ。

もしダルマがインドからやってきたことに意味があるとすれば、それは龍牙みずからの「からだ」において自覚的にみいだすべきものでしかありえない。だれにでもあてはまる普遍的な意味なんていうものはない。

第三章

考えるのが楽しくなる問答

この世界には、「考えるまでもなく、わかりきっていること」と「いくら考えても、よくわからないこと」と、このふたつがある。

禅問答が、もし「いくら考えても、よくわからない」ものなら、それをわかったとおもうことは、もとより幻想にすぎない。

でも、幻想でかまわない。「わからない」から逃げようとせず、「わからない」ことに全身でひたりきろう。

「わからない」ことを考えていると、だんだん考えられる「からだ」になってゆく。

「わからない」には、わからないなりの美点がある。すくなくとも「わからない」とわかっているし、つぎに「わかろう」とできる。ダメなのは、「わからない」に打ちのめされ、わかろうとしなくなること。

簡単にわかるなんて夢のまた夢。せいぜい妄想をたくましゅうしながら、斬れば血のでるような禅問答に体当たりしてゆこう。

問答18

払子をグイとたてる

臨済が僧にたずねる「どこからきた」。
僧は大声でどなる。
臨済は手を組みあわせて会釈し、坐るようにうながす。
僧はなにかいおうとする。
臨済はすぐさま打つ。

臨済は僧がやってくるのをみるや、**払子をたてる。**
僧はお辞儀をする。
臨済は打つ。
また僧がやってくるのをみるや、**また払子をたてる。**
僧は見向きもしない。
臨済はまた打つ。

わからないが楽しい！　クセになる解説

やさしい臨済がおそろしい

「どこからきた」とは、たんに場所をたずねているのではない。どこで禅を学んできたのか、そこでなにを身につけたのか、そしてどういう境地にいたったのかを問うている。
僧は大声でどなる。大声でどなるのは臨済の専売特許だ。僧なりに気のきいた答えかたをしたつもりだろう。

「東からきたのでも西からきたのでもない、ただまっすぐにやってきたのだ」といった気合いを、大声でどなることによって示してみせた。禅問答らしくいうならば、「ここ、おのれの拠ってたつところ、すなわち自分の本分のド真ん中から、やってきたのだ」といった感じをぶつけた。

「ほお、なかなか元気がよくてよろしい。まあ、坐りなさい」とうながす。臨済さん、えらくやさしい。**こういうときが、いちばん危ない。**はじめの気合いを維持しつづけられるかどうか、僧はためされている。

臨済にやさしくされ、僧はたじろいでしまう。大声でどなったのは、やっぱり臨済のモノマネでしかなかった。下手にでられて、かえって魂胆をみすかされた気がしてしまった。僧がうろたえ気味になにかいおうとすると、臨済はすかさず打つ。性根がすわっておらん、と。

ただちに応答せよ

別の僧がやってくる。臨済は払子をたてる。

払子とは、動物の毛をたばね、それに柄をつけた、虫をはらう道具だ。

「これがみえるか」と払子をたてる。僧はそれをみる。そういうたがいの行為のぶつかりあいの火花が散っている。

払子をたてられ、それを目でみたからには、なにかしらリアルに反応せざるをえない。僧はそういうギリギリのところに追いこまれている。

臨済は「わしの主体性は、これこの払子のように突ったっておる。そなたの主体性を示してみよ」と迫る。

僧はお辞儀をする。「払子をたてるとは恐れ入りました。けっこうなお示し、ありがとうございます」と恭順(きょうじゅん)の意を表してみせる。僧なりに気のきいた応対をしたつもりだろう。

臨済は打つ。「なにをしとる。他人を礼拝してどうする。自分がどうであるかが大事だろ」と打ち、「ほら、その痛みをしっかり味わうがよい」と僧にみずからの主体性への自覚をうながす。

さらにまた別の僧がやってくる。臨済はまたもや払子をたてる。

今度の僧は「払子をたてるなんて、そんな子どもダマしめいたマネはしなさんな」とばかりプイと横をむく。もちろん故意に無視したのである。無視するというかたちで、おのれの主体性をあらわそうとした。

さっきの僧よりはマシだろうか？　そうでもない。無視することでおのれの主体性を示すというのは、やりかたとしては弱い。むしろ自分を示すことから逃げている。で、臨済は打つ。

お辞儀をしたやつは打つ。無視したやつも打つ。

お辞儀をすること、無視すること、そのこと自体に可否があるわけじゃない。どうせ正解なんてないのである。じゃあどうすればおのれの主体性を示すことができるのか。

たとえば「逆立ちをする」なんていうのはどうだろう。

臨済は払子をたてた。ぼくは逆立ちをする。臨済もまた逆立ちをして、ぼくのほうをみれば、ぼくが大地をもちあげているのがみえるはずである。

問答19

ヨモギの枝でなでられたようだった

臨済が法堂にのぼる。

僧がたずねる「仏法の根本のところとはどういうものでしょうか」。

臨済は払子をたてる。

僧は大声でどなる。

臨済はすぐさま打つ。

別の僧がたずねる「仏法の根本のところとはどういうものでしょうか」。

臨済はまた払子をたてる。

僧は大声でどなる。

臨済もまた大声でどなる。

僧がなにかいおうとする。

臨済はすかさず打つ。

「皆の衆、仏法をもとめるためなら身命をなげうってもよいというものがおる。二十年もまえになろうか、黄檗（おうばく）和尚のもとにあって、仏法のズバリ核心のところを三度たずね、棒を三度くらったが、**まるでヨモギの枝でやさしくなでられたようだった。**いま一度あれを頂戴したいものだ。だれぞわしのためにやってくれるものはおらんか」

ひとりの僧が聴衆のなかからあらわれ「それがしがやってさしあげましょう」。

臨済は棒をとって僧にわたそうとする。

僧は受けとろうとする。

臨済はただちに打つ。

主体性をうちたてよ

臨済は払子をたてる。これを全身で受けとめよ、と。

仏法のギリギリのところは、払子を「たてる」はたらきを受け、それを「みる」自分のはたらきにある。

それは言葉で説明すべきことではない。からだで感じるべきものだ。

なにかしら言葉で語ってくれるだろうと期待していたのに、ただ払子をたてるだけ。僧は「それがしの問いに答えてくれ」と大声でどなる。

臨済はすかさず払子で打つ。言葉でいちいち語らずとも、動作でちゃんと示しているのがわからんのか、とピシャリ。

「どうだ？　痛いか？　打たれて痛みを感ずるそなた自身、それが仏法のギリギリのところにほかならない」と。

ちがう僧がでてきて、おなじことを問う。

臨済は、今度もまた払子をたてる。さっきの僧にたいするのとおなじ動作である。僧は大声でどなる。さっきの僧とおなじである。

ひょっとするとこの僧は、さっきの僧が大声でどなって臨済に打たれたことを、僧が臨済にみとめられたというふうに受けとったんじゃないだろうか。よし拙僧もこれでゆこう、とマネをする。

臨済は「それはちがう」と大声でどなりつける。僧は、アテがはずれ、うろたえる。臨済はすかさず僧を打ちすえる。

これは叱責のひと打ちだ。おまえには主体性というものがないのか、と。

かけがえのない経験

臨済はおもむろに黄檗とのエピソードを語りはじめる。仏法をもとめるという命がけの営みを、みずからの体験として語りだす。

仏法を頭で理解しようとしていた臨済を、黄檗は棒で三度打ちすえた。その棒打ちの痛みで、臨済はやっと「仏法とは頭で理解するものではなく、おのれの身命をかけて探究すべきものだ」と身をもって知った。

まるでヨモギの枝でやさしくなでられたかのようだったとは、痛みを感じなかったということではない。打つことは先師のありがたい教えだった。痛いなどといってはバチがあたる。三度も打ってくださるとは、なんと慈悲ぶかいことよ。

臨済は「いま一度、あの棒をくらいたいものだ」とセンチメンタルなことをいい、さらに「だれかわしを打ってくれるものはおらんか」とうながす。

「じゃあ、それがしが」とオッチョコチョイの雲水がでてくる。人生を左右するような深刻な経験を語られたというのに、およそ他人事のように受けとり、頼むというなら頼まれましょう、といった軽いノリであらわれる。

いやはや、**なんと怖いもの知らずであることよ。命がけの行為の代わりをつとめようとするとは。**

「ほお、やってくれるか」と棒をさしだし、僧が受けとろうとするや否や、その棒ですかさず打つ。

わしの経験をいったいどう受けとったんだ？　仏法をもとめるというのは命がけでなければならん。おまえは命がけでやってきたのか？　黄檗の代わりをつとめるなぞ十年はやいわい。

問答20

無情(むじょう)の柱はいったい凡か聖か

臨済は軍の駐屯地での食事会にまねかれ、門のところで幕僚とであう。臨済は丸木の柱を指して「**これは凡か、聖か**」。

幕僚は無言。

臨済はその丸木の柱をたたいて「たとえ答えられたとしても、これは木切れでしかない」というと、さっさと陣中にはいってゆく。

「有情（うじょう）」であるとは

唐の末期、戦乱の世にあって仏法を説いた臨済だから、軍隊の陣中における供養の食事会にまねかれることもあった。そこで将校クラスの、えらい軍人とでくわす。

相手がだれであろうとも、臨済に遠慮はない。駐屯地の門外にたっている丸木の柱を指して「これは凡か、聖か」と問いをふっかける。

丸木の柱は、意識をもたない「無情」のものにすぎない。凡でもなければ聖でもない。それ自体はただの木切れでしかない。にもかかわらず臨済は問いかける。この無情のものである丸木の柱は、いったい凡なのか聖なのか、と。

「無情」の木の柱は、なんにもしゃべらない。ただ佇立（ちょりつ）しているだけ。

幕僚もまた無言のまま背筋をのばして直立不動。まるで露天にたっている丸木の柱みたいに。

問いかけられたというのに、幕僚はピクリともうごかない。とても意識をもつ「有情」

とはいえない。そんなんじゃ、せっかく教えられても、いつまでたっても悟れまい。

臨済は丸木の柱をたたいて「これは木切れでしかない」という。「やれやれ。直立不動で出迎えたかとおもえば、問いかけられてもダンマリ。それじゃあ木切れの柱といっしょじゃないか。人間だったら人間らしく挨拶のひとつもしてみよ」と幕僚をいましめる。凡聖（ぼんしょう）・迷悟（めいご）・有情無情といった差別など、根こそぎ捨て去るべし、と。

木切れでしかない

露柱は結界のしるしである。ここまでは俗、ここからは聖。そうやって聖と俗とを区別する露柱それ自体は、はたして聖か？　俗か？

柱はしょせん木切れ。それは聖俗の区別の象徴ではあっても、そのものは聖でもなければ俗でもない。

ただの無情の木切れでしかないという事実をはなれて、そこに聖や俗をみようとするのは、それをみる人間のこころのはたらきだ。

背筋をのばして佇立しつづけている幕僚のかたわらで、墨染めの衣をまとった臨済は、わが身（有情）と丸木の柱（無情）との「物我一如（もつがいちにょ）」の世界にひたっている。

問答21

おさめているか、おさめていないか

座(ざ)主(す)*がやってくると、臨済はたずねる「どんな経論を講義しておられるのか」。

「それがしは浅学菲才(せんがくひさい)でして、『百法明門論(ひゃっぽうみょうもんろん)*』をすこしかじっただけです」

「ひとりはあらゆる経典の教義をおさめている。ひとりはどんな経典の教義もおさめていない。**ふたりは同じか、それとも別か**」

「おさめていれば同じですが、おさめていなければ別でしょうな」

そのとき侍者として臨済のうしろにひかえていた楽普(らくほ)がいう「座主よ、ここをどこだとおもって同じだの別だのというのか」。

臨済はふりむいて侍者にたずねる「おまえはどうなんだ」。

侍者は大声でどなる。

臨済は座主を見送って、もどってくると侍者にたずねる「さっきはわしをどなったのか」。

「いかにも」

臨済はすぐに打つ。

＊座主　禅宗からみた他宗の僧をいう。坐禅にいそしむ禅僧にたいして講経（経典の講義）につとめる学僧。

＊『百法明門論』　世親による法相宗の論書。あらゆる存在は識（感覚・意識・無意識）の所産であるという「唯識」思想の入門書。

学びと悟りとは関係するか

座主とは教学にひいでた学僧だ。そういうインテリにむかって、臨済は「どんな経論を講義しているのか」とたずねる。

座主は「それがしは浅学菲才の身でして」とへりくだる。歴とした学僧ではなく、門前の小僧のようなものです、と。

臨済はつづけて「あらゆる経典（一切経）をおさめたもの、経典などみたこともないもの、ふたりは同じか別か」とたずねる。**大学出と中卒とどっちが悟りに近いのか**、と。

仏教では「だれもみな仏性をもっている（一切衆生悉有仏性）」と教える。あらゆる経典をおさめていようが、おさめていまいが、仏性をそなえていることはおなじ。どちらが悟りに近いともいえないはずだ。

座主は「それがしはすべての経典をおさめてはおりません。そのことは臨済和尚もご存じのとおり。一切経をよく理解していれば、すべての経典を読んだものも読まないものも同じ境地にあるでしょうし、よく理解していなければ、一切経を読んだものと読まないものとは別の境地にあるでしょう」と常識的に答える。

「やれやれ座主ときたら、臨済の口車にのっかって、うかうかと同じだの別だのと答えおった」と楽普はみてとる。そして得たりとばかり「ここは禅寺だ。そんなふうに相対的な分別にとらわれてどうする。さっさと坐禅でもしろ」と上から目線できめつける。

この楽普のでしゃばり、いかにも墓穴を掘ることになりそうだ。

楽普は「同じだの別だのといった区別はどこにもない。そんな理屈は捨てるべし」とおもっている。だが、それは座主を非難しているつもりで、**じつは自分のほうこそ同じか別かという相対的な分別にとらわれていることを露呈している。**

自分はどうなのか

臨済は、座主を叱りつけた楽普にむかって「そういう自分はどうなんだ」とたずねる。「侍者たるもの、一切経を読んでいるべきだが、はたしてそれを理解できているのか？　一切経を理解することよりも、もっと大切なものに気づいているのか？」と問いただす。

楽普は大声でどなりつける。これは「仏性はこうやってはたらかせるのだ」と実践してみせたのだろう。なかなかの気合いだ。

たしかに臨済と座主とのやりとりは教理をめぐっての議論である。言葉のうえでの戯論（無益な言葉のやりとり）に堕しているかのようにみえる。それにひきかえ楽普が大声でどなったことは、仏性のはたらきの発露といえなくもない。

けれども、その一喝は、臨済にむけてのものなのか、座主にむけてのものなのか、いまひとつハッキリしない上滑りなものだった。的を射ていない一喝は、しょせん空砲でしかない。

それよりも大切なこと

臨済はいったん座主を見送りにゆき、もどってくると「さっきはわしをどなったのか」と、やんわり問う。ご明察のとおり、楽普の答えかたによっては、したたま打ってやろうとしている。

楽普は「そうです。和尚、あなたをどなったのです」と自信タップリ。臨済の誘いにまんまとひっかかる。「臨済と、座主と、ふたりともにどなったのです」とでもいえば、まだしも相対的な分別をまぬかれたかもしれないが、まともに食ってかかる。

臨済はしたたか打ちすえる。こいつめ、と。

楽普が打たれたのは、座主の真意をわかっていないことが原因である。臨済は「一切経を読むよりも、もっと大切なことがあると座主は教えてくれたのだ。そんなこともわからんのか。この臨済にでもなく、あの座主にでもなく、そなた自身にむかって一喝するがよい」と楽普を打つ。

問答22

二銭、めぐんでやろう

臨済は僧がやってくるのをみて両手をひろげる。

僧は無言。

「わかったか」

「わかりません」

「箸にも棒にもかからんやつだな。ほら、**二銭、めぐんでやる**」

わからないが楽しい！ クセになる解説

だまって両手をひろげる

臨済が両手をひろげるのをみた僧は、なぜか無言。両手をひろげる仕草を、「わしの禅はこれだ」とおのれの境地を丸出しにしてみせた、というふうに深刻に受けとめたのだろう。禅とは、詮ずるところ、本来無一物である自己を知ることだ、と。

本来無一物とは、「一切は空無であってなにものも実体はない」（『禅語辞典』）という意味。あらゆるものは相互の関係性によって生じており、けっして固定的な実体ではない、という教えである。

ところが臨済は、わずらわしい教義を示したかったわけじゃなくて、たんに「これ、このとおり、スッカラカンだ」と**両手をひろげただけだった**。

もっとも、文字どおりの意味で「まるっきり無一物だ」といっているわけではない。その証拠に、臨済はあとで僧に二銭あたえている。スッカラカンの一文なしだったら二銭をあたえることもできない。

無言の教え

ひょっとすると臨済は、この僧がてんでおよびでないことを知っていて、「そなたに説くべき教えはもっていない」と、問われるまえに釘を刺したのだろうか？　まさか。それではあんまり愛想がない。

両手をパッとひろげて、本来無一物ということを示す。ただし無一物とは、即物的な意味での「一文なし」ではない。依存すべきものを一切もたないということだ。世間で重んぜられている、金銭や地位、名誉といったものには重きを置かない。それらに依存せず、この生身の「からだ」を生きてゆく。

両手をひろげることが本来無一物であることを示しているのならば、臨済は「そなたに説くべき教えはもたない」といっているどころか、**むしろ無言のうちに教えを説いている。**

しっかり修行してこい

臨済は、ただ両手をひらいてみせる無言の教えが僧に伝わったかどうかをたしかめるべく、「わかったか」とわざわざ言葉にしてたずねる。ものすごく親切である。

もし無言の教えを受けとっていれば、**おそらく無言の答えをかえしただろう。**ところが僧は「わかりません」とあっさり言葉でギブアップ。

どうして、そういう情けない僧にわざわざ二銭をあたえたのか？

「わかったか」と問われ、「わかりません」と答える。かりにも禅僧であれば、わかったふりをしそうなものだが、ひどく正直に答えた。その正直さにほだされて、二銭をあたえた。あるいは「どうしようもない愚物め。手のほどこしようもない」とサジを投げたのかもしれない。草鞋銭をやるから、とっとと出てゆけ、と追いはらった。

ぼくは人間が甘いので、草鞋銭をあたえるのは、まだ見捨てたわけじゃないんだとおもいたい。「ほら、二銭めぐんでやるから、これで草鞋をあがない、江湖（広い世間）を行脚して、ちゃんと修行してこい」とうながしている、と。

問答23

まだ教えを乞うておらんのか

大覚が参禅をしにやってくる。臨済は払子をたてる。大覚は坐具を敷く。臨済は払子をほうりなげる。

大覚は坐具を片づけ、僧堂にはいる。

雲水たちは「あの僧は和尚と旧知の仲なんじゃなかろうか。**お辞儀もしないのに棒で打たれもしないとは**」とウワサしあう。

それを耳にした臨済は大覚をよびつける。

大覚があらわれる。

「皆の衆がそなたはまだわしに教えを乞うておらんといっとるぞ」。

大覚は「ごきげんよう」というと、**さっさと雲水たちのなかにはいりこむ。**

わからないが楽しい！　クセになる解説

払子をほうりなげる

大覚がやってくる。臨済は払子をたてる。「よくきた」と大覚を受けとめると同時に「さあ、そなたの主体性をうちたててみせよ。そなたの禅をぶつけてこい」とうながす。

大覚はいそいそと坐具を敷きはじめる。では、さっそく参禅させてもらいます、と支度をはじめる。臨済が払子をたてたのを「まあ、坐ってみなさい」とでも受けとったらしい。臨済は「いきなり坐ってどうする。なにか一言いってみよ」と払子をポイとほうりなげる。払子をほうりなげるのは、おそらく**棒で打つよりもむしろキツい**印象をあたえたんじゃないだろうか。

大覚は坐具をそそくさと片づけ、恐れ入りました、とひっこむ。「しまった。坐れといわれたのではなく、なにか一言いえということだったのか」と気づいたものの、時すでに遅し。坐具をおさめて、ひきさがる。

ふたりはツーカーなのか

大覚はしくじった。しかし両者のやりとりは、傍目にはまるで筋書きどおりに演じられた芝居であるかのようにみえた。

ろくに挨拶もしないのに打たれないとは、臨済と大覚とは馴れあっているんじゃないか、と雲水たちはやっかむ。ゲスの勘繰りである。

臨済にふっかけられ、大覚はそれを受けそこなう。そして払子をほうりなげるという棒打ちにもひとしい仕打ちをこうむった。それが真相であるにもかかわらず、雲水たちは見当はずれのジェラシーをおぼえる。

禅者どうしにあって、世間なみの挨拶など、そもそも不要である。いちいち挨拶せずとも、臨済と大覚とのあいだには通じあうものがある。

ところが親しきなかにも礼儀ありだとおもっている雲水たちには、それがわからない。

すでに参禅している

臨済は「さっきは参禅もせずにひっこみおったが、ちゃんと挨拶くらいせんか。皆の衆はそなたがまだ教えを乞うておらんとおもっとるようだが、どうするつもりだ」と大覚に対処をうながす。

大覚は「もう教えは受けていて、それがしがそれを受けとめそこなっただけです」とおのれの非をわきまえたうえで、とりあえず作法どおりに「ごきげんよう」と挨拶をし、雲水たちのなかにまぎれこんでゆく。

その大覚のすがたには「すすんで衆僧(しゅうそう)の地位に帰する」「その他大勢のなかに身を投ずる」といった恬淡(てんたん)とした境地があらわれている。

払子をたてる。坐布団を敷く。払子をほうりなげる。坐布団を片づける。一連のやりとりは、すぐれた禅者どうしの丁丁発止(ちょうちょうはっし)である。

ここにおいて参禅はすでに十全になされている。挨拶をするなどといった形式的な作法は、どうでもよいことである。

問答24

足を洗っておるところだ

趙州が行脚していたときに臨済に参ずる。おりしも臨済は足を洗っており、趙州がたずねる「ダルマがインドからやってきたのはどういう意味かな」。

「ちょうど足を洗っておるところです」

趙州は近づいて耳をかたむける姿勢になる。

「二杯目のすすぎ水を足にかけようとおもっとります」
趙州はそのまま去ってゆく。

わからないが楽しい！ クセになる解説

ダルマのような顔をする

「ダルマがインドからやってきたのはどういう意味か」という問いは、知らないことを教えてもらおうという質問ではない。相手の力量をはかるための試問である。

臨済は「ちょうどいま草鞋をぬいだところで、その足を洗っております」と答える。「はるばるインドからやってきて、いま中国に着いたばかりです」と、まるで自分がダルマであるかのような顔をする。

臨済の「ちょうど足を洗っているところだ」という答えは、二通りに解釈される可能性がある。

A．趙州の問いにたいする答えである。

B．趙州の問いにたいする**答えでない**。

Aであれば、「ちょうど足を洗っているところだ」は、ただちにダルマがインドからやってきた意味をあらわしている。

日常のささいな営みをおろそかにしてはならない。いますべきことに専念すること、それが仏法にとっていちばん大事なことだ。「いまこうして足を洗っていることのほかにダルマがインドからやってきた意味はない」と臨済はいう。

Bであれば、臨済は「こうやって草鞋をぬいで、長旅でよごれた足を洗っているところだから、そんな問いに答えているヒマはない。むやみに話しかけんでくれ」とはぐらかしている。

ききとれないふりをする

趙州は、臨済のほうに近づき、耳をかたむける姿勢になる。

どうやらBの解釈をとったようである。「いま足を洗っている」という臨済の言葉を、みずからの問いへの答えとはとらず、これからそれをいうものとみなし、近づいて耳をかたむける。

老獪（ろうかい）な趙州は、きこえないふりをしたんじゃないだろうか。のこのこ近づいて、耳のところに手をもってゆき、「え？　なんだって？」と、わざとらしくトボケてみせた。もう一声ほしい、と。

臨済は「二杯目のすすぎ水を足にかけようとおもっとります」と要領を得ない。

原文は「更に第二杓の悪水（あくすい）を潑（そそ）がんと要（ほっ）す」である。この文の主語は、臨済とも趙州ともとれる。

C．この文の主語は臨済である。

D．この文の主語は趙州である。

Cであれば、臨済は「これから二杯目のすすぎ水をかける」と自分の足をひきつづき洗おうとしている。相変わらずダルマのふりをしている。

「足を洗うために、さらに二杯目の水が必要だ」と、ひたすら自分の足を洗うことに専念している。たしかに「いま・ここ」の営みに専念するのは大事だ。だが、趙州が近づいて耳をかたむける姿勢になったことに洟(はな)もひっかけないというのは、いささか不自然である。

Dであれば、臨済は「あんたは二杯目のよごれた水をまこうとしておる」と趙州をとがめている。趙州さん、またもやよごれた水をかけようとする気か、と。

一杯目のよごれた水とは、**「ダルマがインドからやってきたのはどういう意味か」と問うたこと**。臨済のような腕利きにむかって、まるで腕前をためすかのように、問わずもがなの問いを発したことである。

二杯目のよごれた水をまこうとするとは、**臨済の答えがきこえないふりをして、のこのこ近づいてきたこと**。せっかく親切に答えてやったのに、ふたたび問おうとするとは、よごれた水を二度もかけようというのか、と臨済は趙州をとがめる。

あんたも必要なのか

もしDのほうで理解するならば、さらに一歩すすんだ読みも浮かんでくる。「二杯目の水が必要だ」とは、しつこく問いをかさねてくる趙州にたいして、臨済は「あんたにも足を洗う水が、つまり二杯目の水が必要のようだな」といっているのかもしれない。臨済に「おいおい、もう勘弁してくれ。それ以上やると、すすぎ水をひっかけるぞ」となじられ、趙州はおとなしく去る。

趙州は「よしよし」と満足して去ってゆく。これ以上しつこくからんで、よごれた水をひっかけられてはたまらん、と。

問答25

ひっくるめて生き埋めだ

畑

仕事をしているときに黄檗がやってくるのをみて、臨済は鍬にもたれてたたずむ。

「こいつ、疲れたのか」

「鍬をふりあげもせぬのに、なんで疲れましょう」

黄檗が棒で打ちかかる。

臨済はその棒を受けとめて、グッと押しかえし、ドンと突きたおす。

黄檗は維那（いな）*をよんで「維那よ、起こしてくれ」。

維那は近づいて起こしながら「和尚、この無礼ものをどうしてゆるせましょうか」。

黄檗は起きあがるなり、すぐさま維那を打つ。

臨済は鍬をふるって掘りながらいう「**よそでは火葬にするが、わしのところではいっぺんに生き埋めだ**」。

＊維那　僧院の綱紀をとりしまり、庶務をつかさどる役職。

わからないが楽しい！ クセになる解説

押しかえし、突きたおす

畑仕事などの作務、原語では「普請」だが、文字どおり師家も修行僧もあまねく総出ではたらく。だから長老である黄檗も鍬をさげてやってきた。それをみて臨済は、わざと作務をやめてボンヤリとたたずむ。

こざかしい僧であれば、和尚がやってくるのをみれば、それまでサボっていたくせに、熱心にはたらいているふりをする。ところが臨済は、**いままで熱心にはたらいていたのに、逆にサボっているふりをする。**

「なにをしておる。作務をすることもまた修行であるぞ」と黄檗は叱る。あえて臨済の挑発にのってみせる。なんとやさしい師匠だろう。

臨済は「まだちっとも鍬をつかってもいないのに、なんで疲れたりしましょうか」とうそぶく。一心不乱に作務にはげんでいたが、ひたすら無心に鍬をふるっていただけであって、疲れるとか疲れないとか、そういった俗情とはまったく別の次元のありかたをしておりました、と。

その見事な返答をきいて、ちゃんと作務をしていたのだと合点したうえで、黄檗は「ウソをつけ、汗をかいておるじゃないか」とやにわに棒で打ちかかる。臨済がどのような境地から、そのような言葉を吐いているのか、ひきつづき吟味しようとする。

臨済はその棒を受けとめ、グイと押しかえし、ドンと突きたおす。「ウソではない。それがしは無心に作務三昧であっただけ。作務のジャマです。ほうっておいてください」と。

とばっちりを食う

突きたおされた黄檗は、維那に起こしてくれという。

臨済の境地がすぐれていることはハッキリしている。**では作務をサボっているものを監視する立場にある維那はどうか、この機会にひとつためしてみよう。**

矛先(ほこさき)はいきなり維那にむけられた。とばっちりを食ったわけだが、維那もまた禅者のはしくれ、ここは腕のみせどころ。が、この維那ときたら、禅者にもあるまじき常識的なふるまいしかできなかった。

棒で打ちかかり、その棒を受けとめ、押しかえし、突きたおす、というかたちで黄檗と臨済とは禅のはたらきを応酬しあった。ところが維那は、それを臨済が師に無礼をはたらいたとしかみることができなかった。

生き生きとしたやりとりを、たんに無礼をはたらいたとしかみられないようでは、この維那とともに禅を語ることはできない。

黄檗は「ゆるしておけぬ」と維那を打つ。礼だの無礼だのということにとらわれているからである。**臨済のふるまいを無礼としかみられないようでは、しょせん世間の常識から一歩もでていない。**

いっぺんに生き埋めだ

臨済は、鍬をふるって掘りながら、「よそでは火葬にするが、わしのところではいっぺんに生き埋めだ」とつぶやく。

鍬をふるって掘りながらというのがリアルだ。話はもう済んだとばかり、黄檗と維那とのやりとりを高みから評している。

「火葬などという手間ヒマのかかることはしない。さっさと生き埋めにしてしまえばよいのに」と臨済はうそぶく。助け起こしてみたり、棒で打ってみたり、おふたりさん、まどろこしいことをやっておるわい、といった感じだろう。

生き埋めにされるべきなのは、もちろん維那はそうだとしても、黄檗もまた維那ともろともに生き埋めにしてやる、と臨済はいっているのだろうか？

そうではないだろう。「よそでは火葬だが、わしのところではいっぺんに生き埋めだ」とは、ほかならぬ黄檗の禅のありかたのことをいっている。

臨済は、黄檗の禅を受けついでいる。「わしのところ」とは、黄檗および臨済の流儀ではということだと考えられる。

よその修行道場では、死んでから火葬する、つまり死ななければ成仏できない。けれども、わしらのところでは、**生きているまま仏になる道をめざしているのだ**、と臨済はいう。

問答26

目をとじられ、あわてて退散

ある日、臨済は僧堂のまえで坐っている。
黄檗がやってくるのをみると、ピタリと目をとじる。
黄檗はギョッとするような素振りをし、そそくさと居間にひきあげる。
臨済はそのあとについて居間にゆき、失礼をわびる。
首座(しゅそ)が黄檗のかたわらにひかえている。

黄檗「この雲水はまだ若輩ではあるが、禅の根本のところを心得ておる」。

首座「老和尚ともあろうものが、まるで足が地に着いておらぬみたいに、こんな若造のことをおみとめになるとは」。

黄檗は自分の口をゲンコツで打ちつける。

首座「わかっておられるなら、それでよろしい」。

わからないが楽しい！ クセになる解説

眠っているふり

黄檗がやってくる。臨済は目をとじる。まえの問答で、黄檗がやってきたのをみてわざと作務をやめてたたずんでみせたのといっしょの消息だろう。

和尚がやってくるのをみれば、ふつうは熱心に坐禅をしているふりをするものだが、いままで熱心に坐っていたのに、逆にわざと眠っているふりをする。このとおりサボっておりますが、なにか文句がありますか、と。

黄檗はギョッとするようなポーズをとり、あわてて居間にひきあげる。わざと眠っているふりをするとは、こいつ油断できぬやつだ、と大袈裟にビビッてみせる。

ふたりとも芝居をしているみたいである。

黄檗が居間にもどってゆくのをみると、臨済はすぐさまあとについてゆき、「せっかく和尚がやってこられたというのに、うっかり居眠りをしていて、まことに失礼いたしました」とあやまる。じつは眠ってなどいなかったことが、これでハッキリした。

この口がわるいのだ

黄檗は、かたわらの首座にむかって「こいつは禅の根本のところを心得ておる」とホメる。原文だと「此の事有るを知る」である。「此の事」が具体的になんであるかはわからない。禅の根本のところは「此の事」としかいえない。

この若造は「此の事」がわかっておるというのは、ふたりで芝居をやってみて、臨済の役者ぶりになにか感じるところがあったのだろう。

ところで、**黄檗が臨済のことをホメたとき、当の臨済はその場にいたのだろうか？**

もちろんいただろう。目のまえにいる臨済をホメることによって、むしろ首座がそれにどう応ずるかをみようとした。

首座は「老和尚ともあろうものが」と黄檗をとがめる。「和尚さん、そんな軽はずみなことをいって若者をおだてたりすると、せっかく将来性のあるものをダメにしちゃいますよ。見所があればこそ、むしろきびしく接するのが師匠のつとめでしょう」と。

首座の答えは、まさに黄檗の期待どおりだった。ホメられたからといって増長するような臨済ではないが、それでも「これで満足せず、さらに精進せよ」とうながす機会がほしかった。

なるほど要らんことをいうてしまった、と首座のことを肯定する。この口がわるいのだ、と自分の口をひっぱたく。

黄檗のふるまい、相変わらず芝居がかっている。

首座はしくじった

黄檗の芝居がかったふるまいをみているうちに気になってきたのだが、黄檗はほんとうに首座のことを肯定したのだろうか？

本人のいるところでホメるのは、ふつうはありえない。だから**臨済への評価を口にした**

時点で、黄檗によるチェックの対象は、すでに首座にうつっていた。まえの問答で黄檗が「維那よ、起こしてくれ」といったとき、やりとりの相手がいつのまにか臨済から維那へとうつっていたように。

そうだとすると首座の反応は、まえの問答での維那とおなじく、黄檗と臨済とのやりとりを表面的・常識的にしかみていないということになりそうだ。

要らんことをいうてしまった、と自分の口をひっぱたいたのは、首座の常識的な反応をみて、なにもわからぬ首座にうかうかと口をきいてしまった自分にたいして叱っているのかもしれない。

黄檗は「こんなしょうもないやつに要らんことをいってしもうたわい」と自分の口をひっぱたく。ところが首座は「わかっているならそれでよい」とうそぶく。**臨済と黄檗とのやりとりを誤解したまま、黄檗をたしなめることができた自分に満足している。**

黄檗が臨済について「此の事有るを知る」といったとき、黄檗は「なぜわしがそういうのか、おぬしにはわかるか」と、すでに首座に問うていた。首座はその問いを自分のこととして必死に受けとめるべきだった。

首座はとぼけている

見所があるのは臨済だけで、首座は落第。そう読むべきだろう。が、この期におよんで、首座の肩をもつような解釈も浮かんできた。

首座の「わかっているなら、それでよろしい」は、あるいは二重の誤解にもとづいた発言だったのかもしれない。ふざけた読みだけれども、そう考えると奇妙にオチがつく。

「それがしのような鈍根に、わからない言葉をかけないでください。それがしに口をきいてみても仕方がないってことはわかっているでしょう。わかっている？　わかっているなら、それでよろしい」と首座。さすがの黄檗もダンマリをきめこむよりなかった。

問答27

叱られても眠りつづける

臨済が僧堂のなかで居眠りをしている。

黄檗が僧堂の上座のほうからやってきて、背もたれを杖でひと打ちする。

臨済は頭をあげ、それが黄檗であるのをみて、そのまま居眠りをつづける。

黄檗はふたたび背もたれをひと打ちしてから、僧堂の上座のほうにもどり、首座が坐禅をしているのをみて「**下座におる若いやつがちゃんと坐禅をしておる**

というのに、そなたがここで妄想にふけっておってどうするというのだ」。

「この爺さん、なにをいうとる」

黄檗は背もたれをひと打ちし、僧堂をでてゆく。

のちに潙山(いさん)が仰山(きょうざん)にたずねる「黄檗の僧堂でのふるまいには、どういう意味があるのかな」。

「サイコロひとふりで、ふたつの勝ち」

わからないが楽しい！ クセになる解説

背もたれをコツン

僧堂で眠りこけるとは、禅僧にあるまじき行為である。黄檗がやってくると知ったうえで、わざと眠ったふりをしたのだろう。

黄檗は、臨済の坐っている背もたれをコツンと打つ。臨済は、黄檗のほうをチラリとみて、おかまいなしに眠りつづける。

師匠に注意されたら、ふつう目をさまして坐禅をしはじめそうなものである。にもかかわらず、ひきつづき眠る。

それをみた黄檗は、作法どおりに坐っている首座のほうにゆき、「若いやつがしっかり坐禅をしているのに、ベテランのそなたが妄想にふけってどうする」と叱りつける。眠っている横着ものを「ちゃんと坐禅をしておる」とホメる。マジメに坐っているものを「妄想にふけりおって」と叱りつける。まったくアベコベである。**この理不尽なやりかたによって、黄檗はなにを教えようとしているのだろう？**

首座は「この爺さん、なにをいうとる」と相手にしない。すると黄檗は、首座の坐っている背もたれをコツンとひと打ちし、僧堂をでてゆく。

サイコロひとふり

黄檗のふるまいをどう理解するかは、むつかしい。「サイコロひとふりで、ふたつの勝ち」という仰山のコメントをヒントにして考えてみよう。

仰山のコメント、原文は「両彩一賽（りょうさいいっさい）」である。

入矢本は「一回の勝負に二つの勝ち目だ」と訳し、「臨済と首座というしたたか者二人がそろってパスしたという含み」と注記している。黄檗は、臨済も首座もともに肯定しており、ふたりに優劣はない、という理解である。

そういうふうに読むべきなのかもしれない。だが、ぼくは仰山のコメントを「黄檗の背もたれコツンは、臨済の眠りに勝ち、首座の坐りにも勝つ、というふうに二度も勝った」と理解したい。黄檗は、臨済と首座との境地を、もろともに看破した、と。


黄檗は、居眠りをきめこむ臨済のことをホメて、マジメに坐禅している首座のことは叱りつけた。

黄檗が首座のことを肯定しているとはおもいがたい。臨済はさておき、首座はパスしていないとおもう。

しっかり坐禅をしているようにみえる首座だが、眠っている臨済が肯定され、自分のほうが否定されると、「なにをいうとる」と文句をいう。**この一言で、首座はまったく無心で坐っていたのではないとバレてしまった。**

首座は、臨済が居眠りをしていることに、ちゃんと気づいている。その態度にたいする批判的な意見もいだいている。ひょっとすると優越感さえおぼえていたかもしれない。すくなくとも自分は正しい修行をおこなっていると自負していただろう。そういう姿勢で坐っていたのである。

そんな首座のこころは、黄檗にはお見通し。「妄想にふけりながら坐ってどうする」と叱りつける。

眠ってはいない

それはそうだとしても、眠っていて黄檗に注意された臨済は、なぜそのまま眠りつづけたのだろう。しかも黄檗はなぜそれをゆるし、ゆるすどころか「ちゃんと坐禅しておる」と肯定したのだろう。

ぼくは「居眠りをする」と訳したのは、原語は「睡る」である（字は異なるが「眠」と同じ意味）。

ぐうぐうと熟睡しているわけではない。背もたれをコツンと打たれ、それが黄檗であることに気づき、すぐさま「睡る」というのだから、これは居眠りではなく、瞑目して坐禅に没頭することを指しているのではないだろうか。

黄檗は背もたれをコツンと打つ。臨済はチラッとみて、打ったのが黄檗であると気づく。臨済はひきつづき「睡る」。黄檗はふたたび背もたれをコツンとひと打ちする。それにたいする臨済の反応はない。背もたれを打ったのが黄檗であることはわかっているから、それにこころを乱されることなく坐りつづける。

瞑目して坐っているのと、ただ眠りこけているのと、見た目だけでは区別がつかない。しかし黄檗は、ふたりの坐りかたの差異をみぬいている。

坐禅に没頭するといっても、べつに心神喪失するわけじゃない。意識はハッキリしていて、しかも雑念がない。しっかり坐っている臨済を、黄檗としても肯定しないわけにはゆかない。

黄檗による背もたれコツンには、一石二鳥のはたらきがある。一方で、臨済の居眠りとみまがう坐禅を肯定する。他方で、首座の一見正しそうな坐禅を批判する。そういう一挙両得のはたらきなのだ。

問答28

今日のところはボロ負けだな

行脚のおり、臨済は龍光（りゅうこう）院をおとずれる。

龍光は法堂（はっとう）で説法をしている。

臨済は近寄ってたずねる「**矛先（ほこさき）をまじえることなく、どうやって勝ちをおさめるか**」。

龍光は居ずまいをただす。

「**大善知識**＊**ともあろうものが、ほかにやりかたはないのか**」

龍光は目をひんむいてシャッという。

臨済は龍光を指さして「爺さん、今日はボロ負けだな」。

わからないが楽しい！　クセになる解説

無言で教えてくれ

龍光は法堂にふんぞりかえり、理屈をならべて説法している。

臨済は近づいてゆくと「**言葉でいくら教理を説いたところで、けっして真理にとどくことはない。言葉をもちいることなく、いかにして真理をつかむか**」と問いかける。

＊大善知識　大は敬意をあらわす。善知識は、仏教の正しい道理を教えるひと。

言葉はしばしば刀剣に譬（たと）えられる。たしかに鋭利な一言は、ひとを殺しもするし、生かしもする。

剣を抜くことなく相手を斬ってしまう。これは武士の場合である。**禅僧にとっての真剣勝負とは、一言一句をも吐くことなく相手を屈服させること**である。

居ずまいをただす

龍光は、説法していた法座からおりてきて、坐りなおし、そのまま背筋をのばして坐る。坐りなおし、居ずまいをただすことで、みずから身体の作用を示してみせる。

坐りなおし、居ずまいをただすのは、禅僧ならではの犯しがたい構えである。剣を抜くことなく相手を斬ってしまうという姿勢をしっかり体現している。

なかなか上出来である。ただし、居ずまいをただすのは常套のやりかたであって、いささかパターン化している。上出来だけれども、まだ本物かどうかはわからない。

しゃがれ声をたてる

居ずまいをただすといった借りものの接化（せっけ）（指導）のやりかたではない、和尚ならではの手立てを講じていただきたい、と臨済はリクエストする。

龍光は、ギロリと目ん玉をひんむいて、シャッとしゃがれ声をたてる。

これがダメだった。このやりかたもまた禅林の界隈にあっては、すでに手垢のついたやりかただった。

しかもそのシャッというしゃがれ声は、剣を抜いて斬りつけるときの掛け声じゃないか。せっかく刀剣を抜くことなく相手を斬ってしまうことを体現したというのに、うっかり目をひんむいて、おそろしい声をたててしまうとは。

借りものでなく

臨済は**「爺さん、今日はボロ負けだな」と、龍光を指さしながら吐き捨てる。**まさに指弾したのだろう。ボロをだしおって、と。
言葉をもちいずにとは、なんらかの動作でということだ。臨済は大声でどなる。徳山はいずれ棒で打つ。ともに独自のやりかたを編み出している。ところが龍光のやりかたは、いずれも他人からの借りもの。これでは「ボロ負けだな」ときめつけられてもしょうがない。

問答29

矢はとうに飛んでいった

翠峯院をおとずれる。

翠峯「どこからきた」。

臨済「黄檗山から」。

「黄檗はどんな言葉で教えておるのか」

「黄檗に言葉はない」

「どうしてないのか」
「たとえあったとしても、いいようがない」
「まあ、いってみよ」
「矢はもうインドに飛んでいった」

わからないが楽しい！ クセになる解説

もう済んだことだ

「黄檗に言葉はない」とは、常識的に考えれば「禅のギリギリのところは言葉では表現できない」という意味だ。でも、なんだかあたりまえすぎる。

「おまえさんに聞かせるような言葉はない」といっているのかもしれない。たとえ黄檗の言葉を伝えたところで、そんな又聞きした言葉があんたの役には立たんだろう、と。

べつに翠峯をみくだしているわけじゃない。**黄檗の過去の言葉を伝えたところで、そん**

なものは翠峯の現在のありかたとは没交渉である。それよりも、いま目のまえにいる、この拙僧とむきあえ、と臨済はいう。

もはや言葉はない

ところが翠峯は「黄檗に言葉はない」という言葉を文字どおりに受けとり、「まさか黄檗がまったく無言のはずはあるまい。つべこべいわず、なにかいってみろ」とあくまで食いさがる。なんとかして黄檗の言葉をひっぱりだそうとする。

臨済は「たとえあったとしても、いいようがない」と、ぶっきらぼうに突っぱねる。そりゃあ黄檗だって言葉をしゃべりはする。じっさい言葉をもちいて説法をしている。ただ「いま・ここ」で翠峯に伝えるべき新鮮な言葉がないというだけだ。

翠峯の「まあ、いってみよ」は、「言葉ではあらわせない禅のギリギリのところを言葉であらわしてみよ」ときびしく迫っているわけじゃない。「ほお、言葉はないのか。まあそういわず、なんでもよいから、ひとつ聞かせてみい。わしが黄檗をためしてやるから」といった腑抜けなものである。

臨済は「矢はもうインドに飛んでいった」と冷ややかにいいはなつ。

黄檗に言葉があったとしても、もうこのあたりに転がってはおらん。とうにインドのほうへ、ブッダのもとへと、一直線に飛んでいってしまった。とっくに跡形もない。もはや手遅れだ、と突きはなす。

黄檗の言葉なんて、どうでもよいことである。そんなものは、いまごろインドの空のうえを飛んでいるだろう。そんなものよりも、「いま・ここ」の現場こそがリアルなものであらねばならない。

問答30

いたずら婆さんとでくわす

鳳林院をたずねる。
道すがらひとりの老婆にであう。
老婆「どちらまで」。
臨済「鳳林院へ」。

「あいにく鳳林和尚は留守ですぞ」

「どこにゆかれたのか」

老婆はなんにもいわずに歩きだす。

臨済は「婆さん」とよびかける。

老婆はふりむく。

臨済はさっさと歩きだす。

わからないが楽しい！　クセになる解説

いたずら婆さん

この婆さん、のべつ鳳林和尚のもとにゆき、そこで修行のまねごとをしている。坐禅をしてみたり、提唱（ていしょう）（師家による講義）をきいたりするうちに、**いつのまにか禅のベテランになっている。**門前の婆さん、ならわぬ禅をわきまえる、といった風情だ。

目のまえの男の風体をみれば、行脚をしている禅坊主だということはわかる。このあたりで禅坊主がいるとなれば、鳳林和尚をたずねてゆくのだろうことも見当がつく。なにからなにまでわかったうえで、婆さんは「どちらへゆかれる」とたずねる。

この婆さん、たんに禅僧をからかおうとしているだけなので、**鳳林がじっさいに不在かどうかなど、どうでもよかった。**鳳林の不在という異常事態を知らされて、相手がどうするかを知りたいだけ。

禅僧をからかって遊んでいる、なんともはや食えない婆さんなのである。

臨済は「鳳林はどこにゆかれたのか」とたずねる。

婆さんは、異常事態を知らされたときのリアクションを知りたいだけだから、まともに相手をする気などさらさらない。で、自分の用事だけを済ませて、臨済のことなどおかまいなしに、さっさと去ってゆこうとする。「知らんがな。あたしゃ鳳林のお守りじゃないわい」と。

あえて好意的にみれば、婆さんは、対話においてみずからの主体性をつらぬき、臨済にイニシアチブをわたさぬまま見事に置き去りにした、とも考えられる。ただし臨済を相手に最後までその姿勢をつらぬくことができればだけれども。

ふつうに考えれば、このようになる。しかし、もうちょっと禅仏教らしく読むこともできそうだ。

老婆が「鳳林は留守だよ」というのは、「なに？　鳳林をたずねるとな？　そんなふうに外にもとめるというのは、かけがえのない自分が留守になっている証拠だな。この未熟者め」とたしなめている。それゆえ臨済に「では鳳林はどこに」とたずねられても、相手をせずに去ってゆく。

主体性をつらぬけるか

婆さんはなんにもいわずに去ってゆく。このまま幕引きとなれば、臨済が一方的にやられたことになる。

一矢報いるべく、臨済は「おい、婆さん」と去ってゆく婆さんの背中によびかける。負けん気の強そうな婆さんの化けの皮をひんむいてやろう、と。

去ってゆく背中にむかって声をかけられ、その声がきこえれば、だれだってふりむく。いたって尋常のことである。

この婆さん、さっきはそういう尋常の人間関係をあっさり無視して、みずからの主体性をつらぬいた。が、じつは婆さん、「してやったり」とほくそ笑んでいたもんだから、**臨済のよびかけにうっかり応じてしまった。**

ウカツにもふりむいてしまったところをみると、やっぱり親切心から不在を教えたわけじゃなかったのである。よびかけられるかもしれんという色気があったもんで、ひょいとふりむいてしまった。

「婆さん」とよばれ、婆さんは「ほい」と反射的にふりむく。「**自分が留守になっているのは、婆さん、あんたのほうだ**」と、臨済はふりむいた婆さんを置いてけぼりにしてスタスタ。

とりあえず婆さんの負けだろう。ウッカリふりむいてしまった時点で、万事休す。

この婆さんはだれか

ここまで読んできて、ぼくの頭の片隅には、ひとつのアイデアが浮かんできている。はい、ご明察。この婆さんが鳳林和尚である、という読みである。

「どちらへ」「鳳林まで」「鳳林は留守だよ」「どちらへ」ここで老婆はすたすた歩きだす。その背に臨済はよびかける。なんとよびかけたのだろう？

入矢本は「師は『ばあさん！』と呼んだ」と訳している。しかし原文の「師乃喚婆」は「師乃（すなわ）ち婆と喚（よ）ぶ」とも「師乃ち婆を喚ぶ」とも読める。もし「婆を喚ぶ」と読むならば、臨済が婆さんになんとよびかけたのかはわからない。

臨済はひょっとすると「鳳林さん」とよびかけたんじゃないだろうか。

よびかけの言葉に、婆さんはふりむく。婆さんが鳳林であったのか、それとも鳳林のふりをしたのか、いずれにせよ婆さんと鳳林とはひとしい境地にあるとみなしたわけである。

臨済は、婆さんを鳳林とみなし、「鳳林さん」とよびかける。そして婆さんがふりむくと、「ああ、鳳林にであえたわい」とうなずいて帰ってゆく。とりのこされた婆さん、キョトンとたちつくす。

おもしろい妄想だけれども、婆さんが鳳林和尚だという可能性はもちろんない。でも鳳林和尚が婆さんに扮（ふん）しているというふうに考えてみるのは愉快である。そんなふうに考えれば、婆さんが「鳳林和尚は不在だよ」といっていることにも納得がゆく。

この婆さん、寺をたずねてゆく禅僧にたいして、禅問答らしきものをふっかけて楽しんでいる変わりものの名物婆さんだ。鳳林和尚をたずねるものは、みんなこの婆さんのいたずらの洗礼を受けるのである。

問答31

てっきり牛だとおもったら

臨済が杏山(あんざん)にたずねる「露地(ろじ)の白牛(びゃくご)*とはどういうものか」。

「モーモー」

「口がきけないのか」

*露地の白牛　『法華経』譬喩品(ひゆほん)の火宅の説話にみえる宝車をひく牛。一乗の妙法を譬える。

「長老はどうなのですか」
「この畜生め」

わからないが楽しい！　クセになる解説

みちびきの手立て

『法華経』というお経の譬喩品というところにこんな話がある。

金持ちの屋敷が火事になる。燃えさかる家のなかにいる子どもを外につれだそうとするが、遊びに夢中でいうことをきかない。一計を案じ、「外に牛のひく車がいるよ」とウソをつく。

子どもを助けたいという親心からついたウソだから罪にはならない。ウソも方便。

露地の白牛は、苦しみに満ちた世界から一切衆生（いっさいしゅじょう）を救いだすための仏の教えを譬える。

臨済が「露地の白牛とはなにか」とたずねるのは、**ひとびとを煩悩の火宅から救いだす一言とはどういうものかを問うている。**

このシビアな問いをこうむって、杏山は「モーモー」と鳴いてみせる。なんともマヌケだ。問いの重大さにまったく気づいていない。ただ「白牛」という言葉に反応しただけ。

なりきれるかが勝負

たちまち牛に早変わりして「モーモー」と鳴いてみせるのは、一見、機転がきいている。「それは『法華経』にでてくる譬喩であって」と、言葉でくだくだしく説明するのではなく、「ほら、こういうものです」と、とっさに牛に早変わりしてみせるとは、禅僧ならではの早業だ。しかし、あとがつづかないと、こっぴどくやられるリスクもある。

杏山はもちろん露地の白牛が仏の教えを譬えるものだと知っている。そのうえで鳴きマネをするのは、ひとつまちがうとただ牛を演じただけにおわり、仏の教えを体現すべき自己の放棄になりかねない。牛になることによって、馬脚ならぬ牛脚をあらわしてしまう。

牛をマネているとき、いったい杏山の主体性はどこにあるのか？　もはや「人」は消えているのか？

もしそうならば、なにか問われたら、牛として応じなければなるまい。

ほんものの牛になりさがる

臨済に「口がきけないのか」といわれ、「これがダメだというなら、あんたのやりかたはどうなんだ」と食ってかかる。

そんなふうに逆ギレするなんて、やっぱり杏山はただ牛を演じてみせただけだった。みずから牛になってみせたまでは、まだよかった。ところが「口がきけぬのか」となじられて、うかうかと「じゃあ長老はどうなのですか」と人間の言葉を口にする。牛になったはずなのに、おもわず人間の言葉で応じてしまった。そのとたん杏山は、牛になろうとしてなりきれず、**かえって出来そこないの人間になってしまった。**

臨済は「この畜生め」ときめつける。そして牛を相手にするように「シッ、シッ、あっちにゆけ、この牛め」と、**今度こそ杏山をほんとうの牛にしてしまう。**ひょっとすると、ほんものの牛の鼻輪をひっぱるように、杏山の鼻をひっぱったんじゃないだろうか。

杏山みずから牛になったのだから、牛あつかいしてやるのは当然だ。臨済は、牛になった杏山を、ただちに牛として使いこなしてゆく。

杏山にとって露地の白牛とは、「露地の白牛」という言葉以上のものではなかった。それは仏の教えを譬えるものですらなかった。だから臨済に「この畜生」と牛あつかいされてしまった。

杏山の「なりきり作戦」は、そもそも問いの重大さに気づいていなかったうえに、しかもその「なりきり」もまた不徹底だった。牛あつかいされても文句はいえまい。

第四章

考えると自由になれる問答

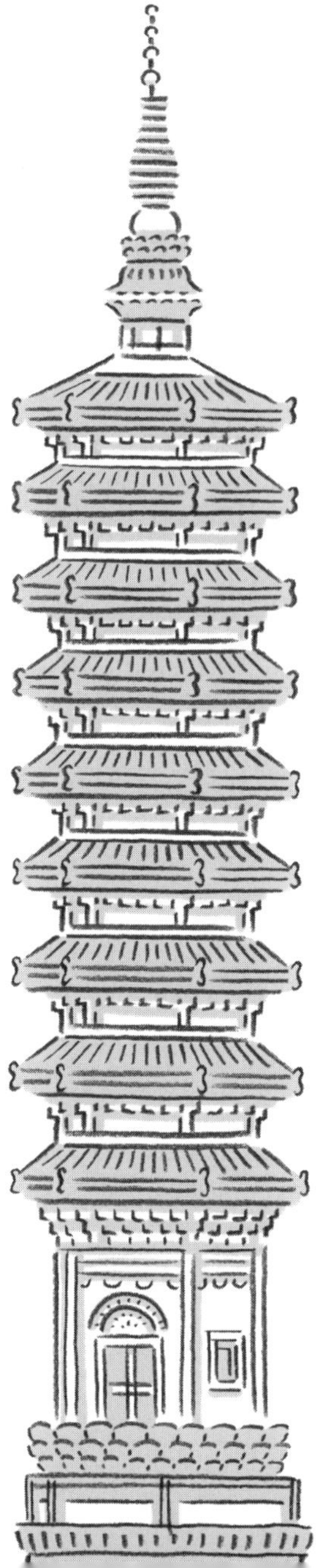

考えることは、自分ひとりでもできる。ただし、考えたことは他人と分かちあうことによって、より豊かになる。

そもそも自分とは「他人の他人」である。かけがえのない他人とであうことによって、はじめて自分として生きてゆける。

人生のパートナーとは、縁あってめぐりあい、「ああ、このひとだ」と気づいて、大切にするものだ。

どんなに努力しても、たとえ神さまの手助けがあろうとも、ひとりぼっちでは、約束することも、恋愛することもできない。

他者性というものに、自己の内部から到達することはできない。

臨済（りんざい）は、普化（ふけ）という禅の権化ともいうべき逸物と、いかにして縁をむすぶことができたのだろうか。

問答32

頭はあってもシッポがない

臨済は、黄檗（おうばく）の手紙をたずさえ、潙山（いさん）をたずねる。潙山のところでは仰山（きょうざん）が知客（しか）*としてむかえいれる。

仰山は手紙を受けとると「これは黄檗和尚のもの、どれがご使者のものかな」。

臨済は平手打ちをくらわせる。

仰山は臨済の手をおさえて「そなたがこのことをわかっておるなら、もうやめておこ

う」というと、いっしょに潙山のもとにおもむく。

「黄檗和尚のところに雲水はどれくらいおるのか」

「七百人」

「どういうものが指導者をつとめておるのか」

「**さきほど手紙をわたしました**」

今度は臨済が潙山にたずねる「和尚のところに雲水はどれくらいおりますか」。

「千五百人」

「多すぎますな」

「黄檗和尚のところも少なくはないぞ」

臨済は潙山のもとを辞去する。仰山が見送りながら「これから北のほうにゆけば、きっと住持すべき地があろう」。

「まさかそんなことがありましょうか」

「まあ、いってみなさい。**そなたを補佐するものがおる。**そのものは頭はあってもシッポがなく、始めはあっても終わりがない」

のちに臨済が鎮州(ちんしゅう)にゆくと、はたして普化がいた。臨済がその地に住すると、普化が

その教化を補佐する。臨済が住職となってほどなく、普化は全身がもぬけの殻となって消え去った。

わからないが楽しい！ クセになる解説

おまえの手紙はなんだ

禅僧は、はじめてであったとき相手の力量を検証しようとする。いわゆる「勘弁」である。もう耳にタコだろうが、まったく油断もスキもないのだ。

臨済は、黄檗の手紙はあずかっているが、自分の手紙などもっていない。それを承知のうえで仰山は、臨済みずからの手紙をもとめる。子どものお使いじゃあるまいし、おまえ

＊知客　来客を出迎え、接待する役職。

さん自身はなにをもってきたのだ、とアイデンティティーの呈示をもとめる。

黄檗の手紙につづられているものは黄檗の言葉でしかない。それをもってきた臨済には臨済なりの言葉がなければならない。

手紙はなくとも、禅者としての力量をあらわしてみよ、と仰山は迫る。

スリリングな禅問答の幕開けである。

わしの手紙はこれだ

仰山の思惑をすぐさま察し、臨済は仰山に平手打ちをくらわせる。わしの手紙はこれだ、と。わしが伝えたいものは言葉にならぬものだ。どうだ骨身にこたえるだろう。

原文の「師便ち掌す」を、ぼくは「臨済は平手打ちをくらわせる」と訳した。入矢本は「そこで師は仰山に平手打ちを食らわせようとした」と訳している。じっさい平手打ちをくらわせたのか？　それとも未遂だったのか？

仰山は、現物の手紙をもとめたわけではない。禅者としての力量の証しをもとめた。使者をたんなる使いとしてあつかうのではなく、ひとりの禅者として遇した。

臨済は、そのことを察し、仰山を平手打ちする。知客をたんなる出迎えとしてあつかわず、ひとりの禅者として遇した。

平手打ちをくらい、仰山は「おまえさんがただの使者じゃないということが、しかもなかなかの器量だということが、よくわかった」と、臨済のおそるべき力量をみとめ、潙山のもとにつれてゆく。

潙山のもとには仰山がいて、潙山をしっかり補佐している。そのことが強く印象づけられるエピソードである。

多すぎますな

臨済が潙山のもとにゆくと、ふたりは雲水の数をめぐって奇妙なやりとりをはじめる。潙山は「黄檗和尚のところに雲水はどれくらいおるのか」とたずねる。臨済は「七百人」と答える。そして潙山にもおなじ問いをかえす。潙山は「千五百人」と答える。すると臨済は「多すぎますな」という。

入矢本は「すごく多いですね」と訳している。原文の「太多生」は、文字どおりに訳せば「多すぎる」である。

この臨済の口吻(こうふん)に、ぼくは非難めいたニュアンスをおぼえる。潙山が「黄檗和尚のところも少なくはないぞ」と言い訳めいたことをいっているのもその証拠である。

マスプロ教育になっているといいたいのだろう。黄檗のところにくらべて潙山のところは僧のレベルがひくい、と臨済はおもったんじゃないだろうか。

補佐はだれなのか

臨済は「多すぎますな」という。和尚ひとりが指導するには多すぎますから、仰山が補佐しているということですね、と。

それを受けて潙山は「黄檗のところも少なくはないぞ」という。黄檗のところでは、そなたが補佐しているのだな、と。

七百人であれ、千五百人であれ、ひとりで指導するには多すぎる。たとえ指導者がひとりであっても、しっかりした補佐がいれば、それなりに指導はゆきとどく。指導者とその補佐ということが問題となっている。

そんなふうに考えたくなるのは、雲水の数をたずねたあと、潙山がつづけて「だれが指導しておるのか」と問うているからである。

黄檗が指導者であることはわかりきっている。にもかかわらず、潙山はなぜ指導体制について問うのか。

もう手紙はわたした

指導体制について、臨済は「さきほど手紙をわたしました」と、ぶっきらぼうに答える。これがたんに「その手紙の主である黄檗和尚が指導しております」といっているだけだとしたら、はなはだ可愛げがない。

ところが潙山は、そんなふうに素っ気なく返事をされても、なんにも突っこもうとしない。臨済の返事はけっして無愛想なものではないということだろう。

「さきほど手紙をわたしました」は、その手紙の主である黄檗和尚が指導しておりますというふうに受けとるのがふつうである。でも、ひょっとすると「さきほど黄檗和尚の手紙をわたしたもの、すなわちこの臨済が指導しております」と遠まわしにいっているのかもしれない。

臨済の答えが二通りに読めることは、この問答全体の趣旨において、すこぶる重要な意味をおびる。

臨済の「さきほど手紙をわたしました」という返事が、「黄檗の手紙を、この臨済がわたしたのです。指導者は黄檗ですが、その補佐をこの臨済がつとめているのです」という意味だとすれば、**この問答では指導者とその補佐ということが一貫してテーマになっていることになる。**

そう考えることが重要なのは、問答の最後のほうに普化があらわれてくるからだ。このあとみてゆくが、じつは普化こそは、臨済の補佐にほかならない。

仰山の謎めいた予言

潙山のもとを去るにあたり、仰山は「北のほうにゆけ」「そなたを補佐するものがおる」という。仰山にはまるで予知能力があるみたいである。臨済の補佐となるべき普化の存在を予言する。

臨済はのちに鎮州において布教する。その鎮州にあって普化という男が活動していることを、仰山はすでに知っていた。奴さんが手伝ってくれるでしょう、と臨済に推薦する。ただし普化には「頭はあってもシッポがなく、始めはあっても終わりがない」。世俗の常識をもってしてはつかみどころがない風狂（超俗）のひとだ。そういうエキセントリックな男について、仰山は「まあ、いってごらんなさい。そなたを補佐するものがみつかるから」と断言する。

ことがらは仰山の予言のとおりになる。臨済にとって普化は、かけがえのない相棒となる。

この仰山とのやりとりは、臨済とその補佐である普化との機縁をあらわすエピソードを、後世になってこしらえたのだろう。歴史はこうやってつくられるという印象をもつ。

「普化という男は、まったくもって只者じゃない」という先入観を、われわれは仰山によって植えつけられてしまった。期待はずれだったらどうしよう?

心配ご無用。普化は、ある意味では臨済よりもおそるべき禅者である。

はてさて、どんなものが
待っているのか

問答33

「お大事に」といって去る

臨済は、普化とであい「わしが黄檗の手紙をたずさえて潙山をおとずれたころ、そなたはもうこの北の地に住しており、わしがやってくるのを待ってくれていたことは（つとに仰山からきいて）知っていた。こうしてやってきたからには、そなたに助けてもらわねばならん。わしはいまから黄檗の宗旨をうちたてようとおもっている。どうかわしのために力を貸してくれんか」という。

普化は「**どうぞお大事に**」といって去ってゆく。

そのあと克符がやってくる。臨済はおなじようにいう。

克符もまた「**どうぞお大事に**」といって去ってゆく。

三日たって、普化がふたたび臨済のところにやってきて挨拶をすると「和尚はこのあいだなんといっておったかな」。

臨済は棒で打ちすえて追いはらう。

さらに三日たち、克符もまた臨済のところにやってきて挨拶をすると「和尚はこのあいだ普化を打ちすえてどうしようとされたのですか」。

臨済は棒で打ちすえて追いはらう。

どうぞお大事に

力を貸してくれないかといわれ、普化は「どうぞお大事に」とだけいって去ってゆく。この普化のセリフ、原文は「珍重」。ひとまず「どうぞお大事に」と訳したが、文字どおりには「さようなら」という別れの挨拶である。

普化は、ＹＥＳともＮＯともいわず、バイバイと帰ってしまった。「よしきた」と引き受けたのか？　「まっぴらゴメン」とことわったのか？　この時点ではわからない。

ひと呼吸おいて、普化はふたたびやってくる。「こないだ、なんといってたっけ」と、かつての自分のふるまいについて臨済がどうおもっているのかをたずねる。

このまえはＹＥＳともＮＯともいわずに帰ったけど、あれからなんの音沙汰もないってことは、もうあきらめちゃったの？　とたしかめにきたのだろうか。

まさか。そんなことのために舞いもどってきたのだとすれば、このまえの「お大事に」は故意になんにも答えなかったのだということを、みずから露呈することになる。

「お大事に」とだけいって去ってはみたものの、どうも胸につっかえるものがある。臨済がわざわざ助けをもとめてくるというのは尋常のことではない、と普化はおもいいたった。

よし、打たれてやろう

臨済のやりかたは、ご存知のとおり、大声でどなったり、棒で打ったり、ひどく荒っぽい。なかんずく棒で打つことは、その値打ちは痛みをあたえるところにある。痛みをおぼえる「からだ」の存在に気づかせ、みずからの身体的主体性の発揮をうながす。無心であるとは、からだを忘れることではない、と。

痛みを感じるからだを自覚させることは、臨済ひとりではやれない。アシスタントが必要だ。棒で打たれるものがいなければ、棒で打つこともできない。

普化はこのことにおもいいたったのだろう、「よかろう。では、棒で打たれてやろう」と、ふたたび臨済のもとにやってくる。

やってきた普化を、臨済は棒で打って追いはらう。

普化がきっとまたやってくるだろうことを、臨済はわかっていた。臨済はすぐさま普化のこころを察し、**「よくきてくれた」とよろこんで打つ**。棒で打って追いはらい、普化のことを同志としてみとめる。

なぜ打ったりしたのか

打つべくして打ち、打たれるべくして打たれるという機微を、禅問答はくだくだしく説明したりしない。ことがらを考えるための手がかりとして、ここに愚物(ぐぶつ)が登場してくる。

臨済と普化とのやりとりを、克符はこっそり盗み見していた。わけもわからないまま、マネをして「お大事に」とだけいって去る。

やったことは普化とおなじ。ただし克符は、ただの二番煎じ。

ひと呼吸おいてやってくると、「なんでまた普化を打ったりしたのですか」とバカ正直にきく。ただ普化のマネをしただけだったということを、はからずも自白してしまう。

克符には普化における葛藤がまったくない。臨済は、当然、克符を打ちすえる。

このたびの棒打ちは、普化のときとちがい、過ちをただすための棒打ちだ。さぞかし痛かったことだろう。

臨済の禅は、棒で打つひと、棒で打たれるひと、ふたりの身体的な対話によって、はじめて成就される。

臨済と普化とのあいだにはそのこととの了解がある。しかし臨済と克符とのあいだにそれはない。

問答34

お膳をひっくりかえす

臨済は、ある日、普化といっしょに檀家の斎*にまねかれたおり、普化にたずねる

「一本の髪の毛が大海原をのみこみ、一粒の芥子のなかに須弥山をおさめる。これはなにか不可思議なもののはたらきなのか、それとも世界そのものがそういうふうなのか」。

普化はいきなりお膳をひっくりかえす。

「荒っぽすぎるな」

「ここをどこだとおもって荒っぽいだの穏やかだのというのか」

臨済は、翌日、また普化といっしょに檀家の斎にまねかれる。普化にたずねる「今日の供養は昨日のとくらべてどうだ」。

普化は**やはりお膳をひっくりかえす。**

「それはそうだが、それにしても荒っぽすぎるな」

「バカタレ、仏法に荒っぽいも穏やかもあるものか」

臨済は舌を巻く。

＊斎　在家信者の施主が僧にたいして施食して供養する法会。このとき臨済と普化とは手厚いもてなしを受けたようである。

わからないが楽しい！　クセになる解説

無茶でなにがわるい

斎とは、在家信者が僧をまねき、食事をふるまって供養する仏事である。臨済と普化とがならんで席についていると、おもいもよらぬ豪華な食事が供された。チャンスとばかり、臨済は勘弁をはじめる。

臨済は「ただの禅僧にこんなご馳走はありえないけど、これって禅者のもつ神通力のなせるわざなのか、それともこういうもてなしが世間の通り相場なのか」と冗談半分につぶやく。

こんな豪華な食事をふるまうのは、施主(せしゅ)になにか思惑あってのことにちがいない。このような分不相応の饗応(きょうおう)はことわるべきだろうが、おまえならどうする、と普化をためす。

普化はいきなりお膳をひっくりかえす。

「ゴチャゴチャつまらん理屈をこねるな。神通妙用(じんづうみょうゆう)か本体如然(ほんたいにょねん)か知らんが、これが禅僧のはたらきだ」とばかり、お膳をガッシャンとひっくりかえす。ドカンと全宇宙をひっくりかえしたという気合いだ。まことに小気味よい。

普化は、このような食事はことわるべきだろうという臨済のこころを察して、いきなりお膳をひっくりかえす。臨済ができないのなら、オレがやってやろう、と。

「わかったけど、あんまり乱暴だぜ」と臨済。普化は「乱暴だろうがなんだろうが、これがオレだ」と涼しい顔。

臨済が「荒っぽすぎるな」とあきれるのは、もちろん普化にやりかえされることは覚悟のうえで、わざと大袈裟にあきれてみせている。案の定、普化に「ここをどこだとおもってて」とやりかえされる。禅者たるもの、いつでも、どこでも、自由自在におのれの主体性をうちださねばならん。荒っぽくてなにがわるい、と普化はうそぶく。

翌日、ふたたび普化といっしょに供養の席によばれた臨済は、「今日の供養は昨日のとくらべてどうだ」とたずねる。

わざと墓穴を掘っている。**普化にもういっぺんお膳をひっくりかえさせたいのだろう。**生粋の自由人である普化は、昨日とおなじくお膳をひっくりかえす。昨日はああで、今日はこうだ、といった「はからい」など微塵もない。ただガッシャンとひっくりかえすのみ。

「いいんだけど、とにかく無茶だな」と臨済。普化は「バカタレ。無茶もヘチマもあるかい」と悪態をつく。

忖度はいらない

ふつうに読めば、臨済の口ぶりは「よいことはよいのだが、それにしても」と留保しているように受けとれる。なんだか気合い負けのようにみえる。もうちょっと別のやりようもあるだろうと眉をひそめるなんて、禅者にもあるまじきヘタレぶりである。

どうも普化が相手のときばかりは、さすがの臨済も分がわるい。

普化の狼藉の意図するところを、臨済はわかっている。そして臨済がわかっているということを、普化もわかっている。

わかってはいても「それにしても荒っぽすぎるな」という臨済の常識になずんだ口ぶりに、普化はカチンときた。「バカタレ」と普化はののしる。なぜオレがこのように無作法な所業におよぶのか、その意図をほんとうにわかっているなら、そんな常識的なことはいっておれんはずだ、と。

臨済にむかって、こういうセリフを吐けるものは、普化のほかにはいない。ほんとうに得がたいパートナーである。

禅そのものの象徴

一連のやりとりにおいて、臨済はわざと俗物を演じている。普化という男のすごさを演出すべく、臨済はあえてドジをふんでみせる。

臨済にとって普化とは、いかなる存在なのだろう？　たんなる相棒というよりは、むしろ臨済のめざす「禅」そのものを体現するような、いうなれば臨済のもとめる禅そのものがデフォルメされたような存在なのだろう。

臨済院の住職として、あまたの雲水をみちびく立場にある臨済は、普化のような無茶をやりたくてもやれない。社会的なしがらみがあって好き放題にはやれない。そこで根なし草の風来坊である普化がかわりにやってのける。そういうパートナーシップがある。

臨済もほんとうはお膳をひっくりかえしたい。で、世俗のしがらみなんてクソ食らえの普化をそそのかして、おもうさまお膳をひっくりかえさせる。

原文の「舌を吐く」は、舌を巻いたのではなく、しめしめとベロをだしたのかもしれない。

禅のはらむ脱俗性

臨済をして顔色なからしめる普化のアッパレな風狂ぶりを味わうべきものとして、この問答はおもしろく読んでおけばよい。けれども、あえて世俗的な興味で読みなおしてみよう。

普化の異常なふるまいは、たんなるアブノーマルな暴走ではない。それは臨済の禅がはらんでいる脱俗性を端的にあらわしている。

ただし臨済と普化とのあいだには、出家と在家との信仰のありかたにかんする見解のちがいがある。

在家信者によって食事をほどこされ、臨済は「微細な毛が巨大な海をおさめきり、微々たるゴミが峨々（がが）たる須弥山をきずきあげる」と鹿爪（しかつめ）らしい顔をしてつぶやく。ここには「こういう信者のささやかな法事が、でっかい仏教界の全体をささえているのだ」と施主のふるまいを評価している姿勢がうかがわれる。

これに普化は過激に反発し、やにわに膳をひっくりかえす。臨済はたしなめる。ずいぶん荒っぽいな、と。普化はこの常識的なたしなめにも反発する。いったい禅者をなんだとおもって荒っぽいだの行儀がよいだのとほざくのか、と。

普化にとって、ひたすら悟りをもとめて精進することが、然るべき信仰のありかたである。それ以上でも以下でもなく、ましてそれ以外のことではありえない。したがって在家信者にたいしても、あくまでも悟りへとみちびくのが禅者のつとめだと考える。

とはいえ在家のものは、なかなかそのような境地に達せはしない。だから悟りをもとめて修行する禅僧をうやまい、かれらが修行にいそしめるように布施をすることに、みずからの信仰のありかたをみいだす。

臨済はそうした信仰のありかたをみとめる。禅僧にほどこすのは、そのぶん自分の欲を捨てることであり、そういったおこないこそが仏教界の全体をささえている、と。

昨日と今日とのご馳走の比較は、臨済にとっては、在家信者の信仰のありかたを斟酌（しんしゃく）するものでありうる。けれども禅スピリットそのものである普化には、どうでもよい。

供養にまねかれるたびに、ふたりはかならず対立する。普化はそのつど膳をひっくりかえす。荒っぽいな、と臨済はたしなめる。仏法のありように荒っぽいもなにもあるもんか、と普化はソッポをむく。

宗教者か、生活者か

禅にかぎらず、いわゆる宗教にまつわる深刻な問題が、ここには見え隠れしている。臨済院の住職という責任ある立場の臨済は、「神通妙用か、本体如然か」と神学論争をしてみせたり、「昨日も今日もご馳走ですな」と如才(じょさい)なくお世辞をいってみせたり、まねいてくれた施主にたいするサービスにつとめる。

普化は、住まいもなければ身寄りもなく、着の身着のままの乞食行三昧(こつじきさんまい)。施主への気づかいなど薬にしたくもない。「禅者のはたらきをなんだとおもっているんだ」とお膳をガッシャン。神学論争をやってみせたり、供養の品評をしてみたり、まるで藝人じゃないか。

ことがらの背景にはそういう事情があるかもしれない、と読者諸賢にお伝えしておく。そうお伝えしたうえで、「でも、そんなふうには考えたくない」ともうしあげたい。

在家の供養を受けるにあたって、分不相応なご馳走であろうが、セコい料理であろうが、それによってビビッたり、ゴネたりするようじゃ、とても禅僧はつとまらない。そんなあたりまえのことについての愚問を、臨済はわざわざ発する。

いざ食べようと箸をかまえたとたん、出鼻をくじくように愚問をぶつけられれば、普化としても闘志を燃やさざるをえない。で、お膳をガッシャンとひっくりかえす。

施主の迷惑などどこへやら、ふたりだけの世界にはいる。

普化は「ここをどこだとおもって」とうそぶく。もはや供養の席といった狭いところにいるのではなく、宇宙のド真ん中、真理のド真ん中にいる。いまオレはおまえと禅の真理についてやりあっているのだ、と。

真理のド真ん中にあって、やれご馳走だの粗食だの、上品だの荒っぽいだの、そんな区別などありはしない。くだらん理屈はやめて、さっさと食え、と普化。

でも、お膳をひっくりかえしてしまったら、もう食べられない。おいおい、食べられなくしてどうする、と臨済は苦笑い。

臨済は百も承知でやっている。普化も二百も合点でやっている。ひょっとするとこのコンビの定番のパフォーマンスだったりして。

禅の天才

『臨済録』の主人公は、もちろん臨済だ。にもかかわらず普化がでてくる段だけは、演じる役割が能でいうところの普化がシテ（主役）で、臨済がワキ（相手役）のようにみえる。

つねにカッコいい臨済なのだが、普化にだけはやられちゃうのである。

すぐれた宗教者であるだけでは、じっさい宗門の領袖はつとまらない。家族を捨てたはずの僧たちが寄りあつまって、教団というかたちで擬似家族をつくる。宗教者のあつまりにはとかく腐敗・俗化という問題がつきまといがちであるという自覚が、教団のリーダーである臨済にはあった。

教団をしっかり経営すること、宗教的な真理をもとめること、このふたつを両立させるのは至難のわざである。この難事を、いともあっさり身体的かつ行為的に表現してみせる普化のような天然の凄腕は、けっしてザラには転がっていない。

臨済には、普化という浮き世ばなれした禅の天才のサポートが、どうしても必要だった。

問答35

「ワル」といいながら去る

臨済は、河陽(かよう)院・木塔(もくとう)院、ふたりの長老といっしょに僧堂の囲炉裏にあたっている。

「普化はしょっちゅう町にでかけてゆき、頭のおかしいマネをやらかしておる。奴さんは凡か、それとも非凡か」とウワサをする。

そういっているところに普化がはいってくる。

臨済がいう「そなたは凡なのか、それとも非凡なのか」。

「おまえがいえ、オレは凡なのか、それとも非凡なのか」

臨済は大声でどなる。

普化は指さして「河陽は花嫁。木塔は老婆。臨済は洟たれ小僧だがいくらか道理がわかっておる」。

「このワルめ」

普化は「ワル、ワル」といってでてゆく。

わからないが楽しい！ クセになる解説

凡なのか、非凡なのか

頭のおかしなマネをやらかしておるようだが、禅者ならではの自由自在ぶりを体現しているつもりか、と臨済はたずねる。普化がわざとバカをやっていることを承知のうえで、あえてたずねる。

普化は「オレは凡だの非凡だのといった分別を超えて自由にふるまっている。それなのに二者択一を迫ってくるとは、なんともはや愚かしい。そんなに凡か非凡かきめたいなら、あんたが好きにきめてくれ」と突きかえす。

臨済が自分のことを非凡だとみとめていることを承知のうえで、逆にたずねかえしているというのがミソ。「わかりきった愚問を、オレもあんたにぶつけさせてもらうよ」と。

臨済は「よくいうた。悟ったものには凡も非凡もありはせん」という気合いをこめて大声でどなる。

普化の突きかえしをはぐらかさず、おのれの肚のなかをさらけだしてみせる。普化がぶつかってきたのをしっかり受けとめ、「わしはこうだ」と臨済なりの境地を露(あら)わにする。

普化による品定め

臨済に大声でどなられ、普化は「河陽は花嫁、木塔は老婆。臨済は洟たれ小僧だがいくらか道理がわかっておる」という。この普化のコメントがおもしろいところ。

臨済・河陽・木塔の三人は、あいつは凡なのか非凡なのか、と普化を値踏みしていた。ところが、事ここにおよんで、アベコベに普化のほうが三人の品定めをしている。いつのまにか主客がひっくりかえっている。

河陽さん、あんたは舅や姑、亭主や子どもといった、家人からの評価をひどく気に病む花嫁みたいな坊主だな。そんなひとの評判ばかり気にするような臆病禅でどうする。

木塔さん、あんたは要らないお節介ばかりをする古女房みたいな親切すぎる坊主だな。そんな世話焼き禅でどうする。

さて臨済だが、まだまだ尻が青いけれども、すこしは見所がありそうだ。しっかり修行せいよ、と普化はいささか奥歯にものがはさまったような評価をくだす。なんで青臭いとケナすのかというと、ふたりの長老となかよくツルんでいるからだろう。そんなことだからまだまだなのだ。しっかりせんか。

普化のコメントをくらって、臨済は「ワルめ」という。普化は「ワル、ワル」といって去る。情景が目に浮かぶようである。

外からの侵入者

「ワル」と訳した原語は「賊」で、外からの侵入者をさす。臨済・河陽・木塔の三人での和気藹藹のなかにズカズカと土足ではいりこんできた悪党、それが普化というわけ。

この問答は、河陽・木塔という長老がこの場にいることを意識してくりひろげられた、臨済と普化との息の合ったパフォーマンスである。

その証拠に、**臨済と二長老との話がおわらないうちに普化がはいってきた**、とハッキリと書かれている。普化は、三人の話をちゃっかり耳にいれていて、その場の状況をよくわかったうえで乱入した。

普化、ワルに徹する

ふたりの長老には、普化が町でやらかしている無茶ぶりの意味するところが、てんで理解できていない。いつの時代でも、頭のかたい年寄りは、若い衆のやることについてゆけない。「いまどきの若いもんときたら」と眉間にシワをよせるばかり。

臨済にしてみれば、普化が凡か非凡かなんていうことは、どうでもよい。普化のような生粋の禅者のふるまいが指導的な立場にあるベテランの禅僧にさっぱり理解されないこと、いいかえれば沈滞した禅林のありかたが、なにより心配だった。

臨済が普化に問答をふっかけたのは、ふたりの長老のまえで、普化自身におのれが非凡であることを証明する機会をあたえた、という意味合いがある。普化の浮き世ばなれした応じぶりによって、かれが凡か非凡かということは、よほど耄碌していないかぎり、さすがに気がつくだろう、と。

ところがどっこい、長老にはわからない。ポカンと口をあけて、臨済と普化とのやりとりを傍観するばかり。

普化はその様子をみて、「ダメだこりゃ」とこきおろす。で、ついでに臨済のことも半分だけののしるっていうのが、なんとも愉快。

おまけに普化は、ふたりの長老だけでなく、臨済もあわせて面罵する。ことによって、ふたりの長老に自分のことをただの乱暴者だとおもうように仕向ける。「ほら、おまえさんたちの期待にこたえてやったぜ」と。

臨済はそんな普化を「ワルめ」という。相変わらずのワルっぷりだな、と。普化は「ワル、ワル」といいつつ退散する。そうとも、オレは正真正銘のワルだよ、と。

阿吽の呼吸である。こころの通じあえる知己をもてることは、人生における仕合わせの最たるものじゃないだろうか。

問答36

野菜を生で食らう

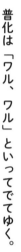

ある日、普化は僧堂のまえで野菜を生のまま食べている。

それをみて臨済がいう「まるでロバみたいだな」。

普化は**ロバの鳴き声をする。**

「このワルめ」

普化は「ワル、ワル」といってでてゆく。

わからないが楽しい！　クセになる解説

まるでロバだな

地べたにすわりこんで、そこらに生えている野生の草をむしって、むしゃむしゃ食う。とんでもなく異様なふるまいである。風狂の普化ならではの、まさに非常識きわまりないしわざだ。

普化はあえて奇行をやらかし、常識にとらわれない禅者の面目をあらわして、「さあ、どうする」といどみかかっている。

合理的に考えられる読みかたとしては、これが唯一のものだろう。ただ、まえにみた斎のときのエピソードをおもいだせば、すこし気になることも浮かんでくる。

出家は、世俗の営みをはなれ、ひたすら修行にはげむ。したがって生活の糧を他者に依存することになる。

そのこと自体は、なんら卑下すべきことでもない。が、ひとつまちがうとロバのような主体性にとぼしい生きかたになりかねない。

布施のあるときはありがたくいただく。ただ依存しているわけではない。これも修行である。布施のないときは畑仕事をすることもある。それもまた修行のひとつ。そのどちらもできないときは「一日作さざれば、一日食らわず」であらねばならない。

出世間の修行三昧と、自堕落な依存生活とは、けっこう紙一重だ。おのれを律することもできず、ただロバのように食っちゃ寝するばかりでは、およそ禅者とはいえない。

ほら、このオレさまの放埒なざまをみよ、と普化は見得をきる。

ロバだけど、なにか？

野菜を生のまま食べるというのは、すくなくとも当時の中国にあっては、およそ人間のすることではなかった。人間でないとすれば、おまえはロバなのか？　人間なのに、畜生のようにふるまう。そんなやつを人間あつかいして、いちいち相手になってやらねばならんのか？

ロバのようにふるまうものにむかって「まるでロバみたいだな」というのは、当然のようにみえる。しかし普化のふるまいが臨済にむけた挑発だったとすれば、それにたいする反応としては、いささか軽率だった。

普化がそんな軽率をみのがすはずはない。臨済はこっぴどくシッペがえしをくらう。

禅者どうしの応酬では、どっちが主体性をうちたてるか、いかにイニシアチブをにぎるか、ということが重視される。とはいえ、ケンカの売り買いじゃあるまいし、上手にでるばかりが禅ではない。

「ロバみたいだな」といわれ、相手のいいなりにロバになってみせる。わるびれることなく、むしろ待ってましたというふうに、ロバになりきって鳴いてみせる。

相手のいいなりになることによって、相手のほうに「おまえの人間としての主体性はどうなんだ」と突きかえす。**このロバのオレにどう対応するんだ、**と。

別の読みかたもありうる。

ロバは、人間に使役される、あわれな生きものである。主体性なんていうものはカケラもない。ただこき使われるばかり。

でも禅僧だってどうかというと、善男善女にほどこされながら生活しているわけで、もしそれに恥じないような修行ができていないなら、乞食(こつじき)行ではなく物乞いである。ロバとなにがちがうというのか。

普化は「そうとも、オレはご覧のとおりロバだよ。ひとからほどこしを受けて生きているみじめな存在だ。で、おまえさんはどうなんだ」と真顔でやりかえしている。禅者として生きるとはどういうことなんだ、と。

臨済は「このワルめ」という。痛いところを突かれたのだろう。「それをいったらおしまいだぞ」といった感じじゃないだろうか。

ワルがうばうもの

臨済は、どれくらい本気で「ワルめ」といっているのだろう。普化にぶつけた「ワル」とは、どういう意味合いなのか。

「まるでロバだな」という。ロバの鳴き声をかえされる。臨済は、普化にしてやられたことに気づく。そのうえでの「このワルめ」である。ワルめというきめつけは、普化の鋭さをホメているにちがいない。


ワル（賊）は、ひとの家のなかに土足ではいってくる悪党だ。外から侵入して、ひとのものをうばう。

なにをうばうのか？　迷いにしばられているものからは迷いをうばう。悟りにとらわれているものからは悟りをうばう。

「まるでロバだな」という臨済の批評を、そっくりそのまま自分のほうにうばいとり、普化はロバになりきって鳴いてみせる。人間かロバか、悟りか迷いか、といった区別にとらわれた臨済の立場をうばいとり、そのうえで悟りもなければ迷いもないロバになりきってみせる。

迷いや悟りへのこだわりを無と化してしまうワルを、普化は見事に演じきる。さすがの臨済も、おのれが常識にとらわれていたことをおもい知らされる。

普化は「ワル、ワル」と、はしゃぎつつ去ってゆく。「してやったり。ワルというおホメの言葉をいただいちゃった」と無邪気によろこびながら。

問答37

明日はご馳走にありつける

普化はしょっちゅう町にでむいて鈴をチリンチリンふりながら「明るいところからやってくれば、明るさでやる。暗いところからやってくれば、暗さでやる。四方八方からやってくれば、つむじ風でやる。虚空からやってくれば、つるべ打ちでやる」と口上をぶっている。

臨済は侍者をつかわし、普化がそういうや否やひっつかまえて「そのどれでもなくやってきたらどうする」とたずねさせる。

普化は突きとばして「明日、大悲院でご馳走のふるまいがあるよ」。

侍者は帰って報告する。

臨済「わしはまえから奴さんは只者じゃないとにらんでおったんだ」。

わからないが楽しい！ クセになる解説

どこからでもかかってこい

普化の乞食行のやりかたは一風変わっている。チリンチリンと鈴をふりながら、わけのわからない呪文のようなことをわめきたてる。ひとびとは煙に巻かれてポカンとするばかり。頭のよいやつが理屈でかかってくれば、理屈でやっつけてやる。頭のわるいやつが感情でからんでくれば、感情でとっちめてやる。四方八面からつぎつぎにやってきても、片っ端からぶっとばしてやる。どこかから人間ばなれしたやつがいどんできたら、物干し竿でたたきおとしてやる。

この大言壮語をきいた臨済は、「そのどれでもない、おまえの知らないタイプのやつがかかってきたらどうする」と侍者にたずねさせる。予期せぬやりかたで問答をふっかけられたらどうする、と。

これこそは、まさに「まってました」という問いだった。見知らぬやつから問いをふっかけられ、お手上げになったとしても、明日になれば大悲院でふるまいがあるから大丈夫だもんね、と普化は澄まし顔。

一計を案ずる

臨済の「まえから只者じゃないとにらんでいた」は、もちろん普化を肯定している。どんな問答をふっかけられようとも、相手のやりかたに応じて自由自在にこたえてみせるという自信はすばらしい。さすがは普化だ……。

と、ここまで考えて臨済は、はたと気づく。しまった、一杯食わされた、と。

一連のパフォーマンスは、すべては斎につれていってもらうために普化の仕組んだワナだった。

わざと大口をたたき、臨済の「かりに見当もつかないやりかたでこられたらどうする」という問いをひっぱりだし、それに「明日になったら大悲院でのふるまいがあるから大丈夫」と応じることによって、ちゃっかり食いものにありつく口実をでっちあげた。

まんまとうまくゆく。しょうがないなあ、オレも明日の供養の斎についていってやるとするか、と舌なめずり。

お膳をガッシャンとひっくりかえして以来、臨済はちっとも斎につれていってくれなくなったのだろうか。自業自得とはいえ、普化はさびしかったのかもしれない。

観音さまにすがろう

大悲院での斎というのがまた妙である。大悲とは、衆生にたいする仏の「いつくしみ」のこころ。とりわけ観音さまは、大悲にあふれた慈悲救済の菩薩だ。

「大悲院にゆけば、きっと観音さまが助けてくださるさ」とうそぶき、普化はペロリと舌をだす。

問答38

鈴の音とともに去りぬ

ある日、普化は町にゆき、でくわすひとごとに「着るものをめぐんでくれ」という。みなが着るものをあたえる。**普化はどれも受けとらない。**

臨済は院主(いんじゅ)に命じて棺桶をひとそろいあつらえさせる。

普化がもどってくる。

「そなたのために着るものをこしらえておいたぞ」

普化はみずから棺桶をかついで町じゅうを歩きまわりながら、大声でわめく「臨済がわしのために着るものをこしらえてくれた。これから東門にいって死ぬぞ」。

町のひとたちがぞろぞろついてゆく。

「今日はやめた。明日、南門にいって死ぬぞ」

こうしたことが三日つづくと、もうだれも信じなくなる。四日目にはとうとうひとりもついてくるものはいない。

普化はひとりで郊外にでてゆき、みずから棺桶のなかにはいると、通りがかったひとに頼んでフタに釘を打ちつけてもらう。

このウワサはすぐにひろまり、町のひとたちがわれさきにと駆けつけてきて、棺桶をあけてみると、もぬけの殻で身ぐるみ消えていた。**ただ空中を遠ざかってゆく鈴の音が鳴りひびいているばかり。**

着るものをめぐんでくれ

普化は、ひとびとに着るものを乞いながら、ちっとも受けとろうとしない。臨済は、普化に棺桶をあたえる。普化が消えようとしていることを、臨済だけはわかっている。

いったい普化は、ほんとうに死のうとしているのだろうか？

奇矯なふるまいをやらかす変わりものだけれども、常人とはちがった魅力をもった愛すべきやつである。もし普化が死のうとしているのなら、臨済はなぜとめようとしないのだろう。

じつは普化は、ただ死のうとするふりをしているだけ。死のうなんて、もとより毛頭おもっていない。

普化は着るものをもとめる。しかし、ひとびとがくれる着るものは、どれもみな気に入らない。それも道理、普化のもとめる「着るもの」とは、ひとが生きてゆくうえでかならず身にまとうべきものの象徴だった。

派手なものを着るひとがいる。地味なものを着るひともいる。着るものがひとそれぞれであるように、人生もいろいろ。

ただし、どんな人生であれ、ひとつだけ万人に共通していることがある。それは生まれてきたからには死ぬときがくるという事実だ。それこそはひとが生きてゆくうえで覚悟して身にまとうべきものにほかならない。

臨済は棺桶を用意する。ひとはだれもみな最後には棺桶を着ることになる。ひとが生きることにおける、かけがえのない事実である。

最後のひと芝居

臨済から棺桶をあたえられた普化は、最後の仕事にとりかかる。よし、これでひと芝居うってやろう、と。

生まれてきたからには、かならず死ぬ。つねに死をおもいつつ、ひとは生きねばならない。死を忘れて、よく生きることはできない。メメント・モリ。そのことをみなに教えてやろう。

普化は棺桶をかついで、四方の門をめぐる。一日目、ひとびとは注目する。二日目、ひとびとはまだ注目する。三日目、四日目、もうひとびとはふりむかない。ひとは忘れる生きものだ。みずからの死をすら忘れて生きているくらいだから。

普化は棺桶にはいって、釘を打たせる。みずから消えることを演じてみせる。ひとびとが駆けつけてみると、棺桶はカラッポ。遠ざかる鈴の音だけが空中にチリンチリンと鳴りひびく。素敵に幻想的である。

ほんとうに死んだのかどうか、まして自殺したのかどうかといったことは、普化のパフォーマンスにとって、どうでもよいことである。

普化という道化

ぼくは「普化＝道化」というふうに勝手にイメージしている。

道化は、ひとにわらわれるように演ずる。普化のふるまいも、俗人の目には滑稽にみえただろう。

普化のふるまいをみて、ひとはみなわらう。わらわないのは、ひとり臨済のみ。

ふざけた格好、おどけた仕草、それだけでは道化はつとまらない。道化を演ずるためには、するどい諷刺をはらんだ言葉、やかましく挑発的なふるまい、なにはさておき機知に富んでいなければならない。

道化という存在は、生きることにつきまとう喜びや悲しみ、それをネタにひとをわらわせる。道化は、ひとの人生における真実を映しだす「鏡」である。

道化のすがたを目にし、そこに映しだされる自分のすがたをみることによって、もっていた夢、もっている欲、いずれ死ぬことになるというおのれの事実に、ひとは気づかされる。そして道化をみてわらっているとき、わらわれているのはじつは自分のほうだと知ることになる。

おわりに

臨済はいう。「無位の真人」として生き生きと主体的に生きるために、なにより大事なものは「自信」だ、と。

「自信」という語を辞書でひいてみる。「自分の能力や価値を確信すること。自分の正しさを信じて疑わない心」（『広辞苑』第七版〈岩波書店〉）とある。臨済のいう自信は、これとはちがう。

臨済のいう自信とは、みずから「を」信じることではない。みずから信じるのである。みずからを信じるとき、信じる主体は自分、信じる対象もまた自分。他人とくらべて自分のほうがすぐれている、と自分が自分を信じる。これは「他」に依存している。

みずから信じるとは、自分の能力や価値といったものを信じる対象とするのではない。みずから主体的になにかを信じる。他人にうながされてではなく、自分からすすんでアクティブにはたらく。これは「他」に依存していない。

自信をもて、と臨済はいう。他人にうながされて、あるいは他人とくらべて、自信をいだくのではない。「いま・ここ」の自分を大事にして、みずから信ずるところを信じよ、と。

自信がついたらやる？　それは無理。そんな自信なんて、どこにもない。

「やりたい」とおもったら、やればよい。ただし、やるからには、実現したいとおもってやろう。その結果がどう転ぼうとも、やりたいことをやったのであれば、そのなかに自信はちゃんとおさまっている。

自信のないひとは、老いをなげき、「あれができなくなった」「これだけしかのこされていない」と「ない」を数えながら生きる。

自信のあるひとは、老いを受けいれ、「まだこれはできる」「あれものこっている」と「ある」ものをよろこびながら生きる。

自信をもつとは、「ない」ものを欲求することではない。「ある」ものを大事にすることだ。

書けるという自信があったわけではない。しかし書くことができたのは、ダイヤモンド社の朝倉陸矢さんの手引きのおかげである。あつくお礼もうしあげる。

この本が、自信をもって生きようとするだれかの背を押せることを祈りつつ、ここに筆を擱（お）く。

津軽にて　　山田史生しるす

禅問答の白文および書き下し文

白文は、入矢義高訳注『臨済録』（岩波文庫）を底本とし、句読点は著者が付した。書き下し文は著者による。

はじめに

逢仏殺仏。逢祖殺祖。逢羅漢殺羅漢。逢父母殺父母。逢親眷殺親眷。始得解脱得、不与物拘、透脱自在。

仏に逢わば仏を殺せ。祖に逢わば祖を殺せ。羅漢に逢わば羅漢を殺せ。父母に逢わば父母を殺せ。親眷に逢わば親眷を殺せ。始めて解脱を得、物の与に拘せられず、透脱して自在ならん。

第一章　考えるとやめられない問答

問答1　三度問うて、三度打たれる

師初在黄檗会下、行業純一。

首座乃歎曰、雖是後生、与衆有異。遂問、上座在此多少時。

師云、三年。

首座云、曾参問也無。

師云、不曾参問。不知問箇什麼。


師、初め黄檗の会下に在って、行業純一なり。

首座乃ち歎じて曰く、是れ後生なりと雖も、衆と異なること有り。遂に問う、上座此に在ること多少時ぞ。

師云く、三年なり。

首座云く、曾て参問せしや。

師云く、曾て参問せず。知らず、箇の什麼をか問うや。

首座云、汝何不去問堂頭和尚、如何是仏法的的大意。

師便去問。声未絶、黄檗便打。

師下来。首座云、問話作麼生。

師云、某甲問声未絶、和尚便打。某甲不会。

首座云、但更去問。

師又去問。

黄檗又打。

如是三度発問、三度被打。

師来白首座云、幸蒙慈悲、令某甲問訊和尚。三度発問、三度被打。自恨障縁不領深旨。今且辞去。

首座云、汝若去時、須辞和尚去。

師礼拝退。

首座先到和尚処云、問話底後生、甚是如法。若来辞時、方便接他。向後穿鑿成一株大樹、与天下人作陰涼去在。

師去辞。

黄檗云、不得往別処去。汝向高安灘頭大愚処去、必為汝説。


首座云く、汝何ぞ去きて堂頭和尚に問わざる、如何なるか是れ仏法的的の大意と。

師便ち去きて問う。声未だ絶えざるに、黄檗便ち打つ。

師下り来たる。首座云く、問話は作麼生。

師云く、某甲問声未だ絶えざるに、和尚便ち打つ。某甲会せず。

首座云く、但だ更に去きて問え。

師又去きて問う。

黄檗又打つ。

是くの如く三度問いを発して、三度打たる。

師来たりて首座に白して云く、幸いに慈悲を蒙り、某甲をして和尚に問訊せしむるに、三度問いを発して、三度打たる。自ら恨むらくは障縁ありて深旨を領せず。今且らく辞し去らん。

首座云く、汝若し去らん時は、須らく和尚に辞し去るべし。

師、礼拝し退く。

首座先に和尚の処に到りて云く、問話せし底の後生、甚だ是れ如法なり。若し来たりて辞せん時、方便して他を接せよ。向後、穿鑿して一株の大樹と成らば、天下の人の与に陰涼を作し去らん。

師去きて辞す。

黄檗云く、別処に往き去るを得ざれ。汝、高安灘頭の大愚の処に向かいて去け。必ず汝が為に説かん。

問答2　そのままズバリだったのだ

師到大愚。

大愚問、什麼処来。

師云、黄檗処来。

大愚云、黄檗有何言句。

師云、某甲三度問仏法的的大意、三度被打。不知某甲有過無過。

大愚云、黄檗与麼老婆為汝得徹困。更来這裏、問有過無過。

師於言下大悟云、元来黄檗仏法無多子。

大愚搊住云、這尿牀鬼子、適来道有過無過、如今却道、黄檗仏法無多子。你見箇什麼道理。速道速道。

師於大愚脅下、築三拳。

大愚托開云、汝師黄檗。非干我事。


師、大愚に到る。

大愚問う、什麼処よりか来たる。

師云く、黄檗の処より来たる。

大愚云く、黄檗、何の言句か有る。

師云く、某甲、三度仏法的的の大意を問うに、三度打たる。知らず某甲に過有りや過無きや。

大愚云く、黄檗、与麼に老婆に汝が為に得て徹困なり。更に這裏に来たりて、過有りや過無きやを問うとは。

師、言下に大悟して云く、元来黄檗の仏法多子無し。

大愚搊住して云く、這の尿牀の鬼子、適来に過有りや過無きやと道い、如今は却って黄檗の仏法多子無しと道う。你、箇の什麼の道理をか見る。速やかに道え、速やかに道え。

師、大愚の脅下を築くこと三拳す。

大愚托開して云く、汝は黄檗を師とす。我が事に干わるに非ず。

問答3　トラのひげをひっぱりおった

師辞大愚、却回黄檗。

師、大愚を辞して、黄檗に却回す。

黄檗見来便問、這漢来来去去有什麼了期。

師云、祇為老婆心切。便人事了侍立。

黄檗問、什麼処去来。

師云、昨奉慈旨、令参大愚去来。

黄檗云、大愚有何言句。

師遂挙前話。

黄檗云、作麼生得這漢来、待痛与一頓。

師云、説什麼待来、即今便喫。随後便掌。

黄檗云、這風顛漢、却来這裏捋虎鬚。

師便喝。

黄檗云、侍者、引這風顛漢、参堂去。

　後、為山挙此話、問仰山、臨済当時、得大愚力、得黄檗力。

仰山云、非但騎虎頭、亦解把虎尾。


黄檗来たるを見て便ち問う、這の漢、来来去去して什麼の了期か有る。

師云く、祇だ老婆心切なるが為なり。便ち人事し了りて侍立す。

黄檗問う、什麼処にか去き来たれる。

師云く、昨に慈旨を奉り、大愚に参じ去き来たらしむ。

黄檗云く、大愚に何の言句か有る。

師遂に前話を挙す。

黄檗云く、作麼生か這の漢を得て来たらしめ、痛く一頓を与えんと待す。

師云く、什麼の待すとか説き来たらん、即今便ち喫せよ。随後に便ち掌す。

黄檗云く、這の風顛漢、却って這裏に来って虎鬚を捋る。

師便ち喝す。

黄檗云く、侍者、這の風顛漢を引きて参堂し去れ。

後に、潙山、此の話を挙し、仰山に問う、臨済、当時、大愚の力を得るか、黄檗の力を得るか。

仰山云く、但だ虎頭に騎るのみに非ず、亦解く虎尾を把る。

問答4　山のなかに松を植える

師栽松次、黄檗問、深山裏栽許多作什麼。

師、松を栽うる次いで、黄檗問う、深山裏に許多を栽えて什

師云、一与山門作境致、二与後人作標榜。道了、将钁頭打地三下。

黄檗云、雖然如是、子已喫吾三十棒了也。

師又以钁頭打地三下、作嘘嘘声。

黄檗云、吾宗到汝大興於世。


麼をか作す。

師云く、一には山門の与に境致と作し、二には後人の与に標榜と作す。道い了りて、钁頭を将て地を打つこと三下す。

黄檗云く、是くの如しと雖然も、子已に吾が三十棒を喫し了れり。

師又钁頭を以て地を打つこと三下し、嘘嘘の声を作す。

黄檗云く、吾が宗、汝に到りて大いに世に興らん。

問答5　またもやトラのひげをひっぱる

黄檗、因入厨次、問飯頭、作什麼。

飯頭云、揀衆僧米。

黄檗云、一日喫多少。

飯頭云、二石五。

黄檗云、莫太多麼。

飯頭云、猶恐少在。

黄檗便打。

飯頭却挙似師。

師云、我為汝勘這老漢。

纔到侍立次、黄檗挙前話。

師云、飯頭不会。請和尚代一転語。

師便問、莫太多麼。


黄檗、因みに厨に入る次いで、飯頭に問う、什麼をか作す。

飯頭云く、衆僧の米を揀ぶ。

黄檗云く、一日に喫うこと多少ぞ。

飯頭云く、二石五。

黄檗云く、太だ多きこと莫きや。

飯頭云く、猶お少なきを恐る。

黄檗便ち打つ。

飯頭却って師に挙似す。

師云く、我汝が為に這の老漢を勘べん。

纔かに到りて侍立する次いで、黄檗前話を挙す。

師云く、飯頭会せず。請う和尚代わって一転語せよ。

師便ち問う、太だ多きこと莫きや。

黄檗云、何不道、来日更喫一頓。
師云、説什麼来日。即今便喫。道了便掌。
黄檗云、這風顚漢、又来這裏捋虎鬚。
師便喝出去。
　後潙山問仰山、此二尊宿、意作麼生。
仰山云、和尚作麼生。
潙山云、養子方知父慈。
仰山云、不然。
潙山云、子又作麼生。
仰山云、大似勾賊破家。

黄檗云く、何ぞ道わざる、来日更に一頓を喫すと。
師云く、什麼の来日と説くや。即今便ち喫せよ。道い了りて便ち掌す。
黄檗云く、這の風顚漢、又這裏に来たりて虎鬚を捋るとは。
師便ち喝して出で去る。
後に潙山、仰山に問う、此の二尊宿、意は作麼生。
仰山云く、和尚は作麼生。
潙山云く、子を養いて方めて父の慈を知る。
仰山云く、然らず。
潙山云く、子は又作麼生。
仰山云く、大いに似たり賊を勾れて家を破るに。

問答6　無事であればよいとおもうな

有一老宿参師。
未曾人事、便問、礼拝即是、不礼拝即是。
師便喝。
老宿便礼拝。
師云、好箇草賊。
老宿云賊賊、便出去。
師云、莫道無事好。

一老宿有りて師に参ず。
未だ曾て人事せざるに、便ち問う、礼拝するが即ち是きか、礼拝せざるが即ち是きか。
師便ち喝す。
老宿便ち礼拝す。
師云く、好箇の草賊。
老宿、賊賊と云いて、便ち出で去る。
師云く、無事にして好しと道う莫かれ。

首座侍立次、師云、還有過也無。
首座云、有。
師云、賓家有過、主家有過。
首座云、二倶有過。
師云、過在什麼処。
首座便出去。
師云、莫道無事好。
　後有僧挙似南泉。
南泉云、官馬相踏。

首座侍立する次いで、師云く、還た過有りや。
首座云く、有り。
師云く、賓家に過有りや、主家に過有りや。
首座云く、二倶に過有り。
師云く、過は什麼処にか在る。
首座便ち出で去る。
師云く、無事にして好しと道う莫かれ。
後に僧有り、南泉に挙似す。
南泉云く、官馬相踏む。

問答7　地べたの線は売ってこれたか

師問院主、什麼処来。
主云、州中糶黄米去来。
師云、糶得尽麼。
主云、糶得尽。
師以杖面前画一画云、還糶得這箇麼。
主便喝。
師便打。
　典座至。
師挙前語。
典座云、院主不会和尚意。

師、院主に問う、什麼処よりか来たる。
主云く、州中に黄米を糶り去き来たる。
師云く、糶り得て尽くるや。
主云く、糶り得て尽く。
師、杖を以て面前に画一画して云く、還た這箇を糶り得るや。
主便ち喝す。
師便ち打つ。
典座至る。
師、前語を挙す。
典座云く、院主は和尚の意を会せず。

師云、你作麼生。

典座便礼拝。

師亦打。


師云く、你は作麼生。

典座便ち礼拝す。

師亦た打つ。

第二章　考える「からだ」になる問答

問答8　なんたるカチカチのウンコ

上堂云、赤肉団上有一無位真人、常従汝等諸人面門出入。未証拠者看看。

時有僧出問、如何是無位真人。

師下禅牀把住云、道道。

其僧擬議。

師托開云、無位真人是什麼乾屎橛。便帰方丈。


上堂して云く、赤肉団上に一無位の真人有りて、常に汝等諸人の面門より出入す。未だ証拠せざる者は看よ看よ。

時に僧有りて出でて問う、如何なるか是れ無位の真人。

師、禅牀を下りて把住して云く、道え道え。

其の僧擬議す。

師托開して云く、無位の真人是れ什麼たる乾屎橛ぞ。便ち方丈に帰る。

問答9　手ぶらでどうするんだ

一日普請次、師在後行。

黄檗回頭見師空手、乃問、钁頭在什麼処。


一日、普請する次いで、師、後に在りて行く。

黄檗、頭を回らして師を見るに空手なれば、乃ち問う、钁頭師云、有一人将去了也。
黄檗云、近前来、共汝商量箇事。
師便近前。
黄檗竪起钁頭云、祇這箇、天下人拈掇不起。
師就手掣得、竪起云、為什麼却在某甲手裏。
黄檗云、今日大有人普請。便帰院。

は什麼処にか在る。
師云く、一人有りて将ち去り了れり。
黄檗云く、近前し来たれ、汝と共に箇の事を商量せん。
師便ち近前す。
黄檗、钁頭を竪起して云く、祇だ這箇、天下の人も拈掇し起ず。
師、手に就きて掣得し、竪起して云く、什麼の為にか却って某甲が手の裏に在る。
黄檗云く、今日大いに人の普請する有り。便ち院に帰る。

問答10　おなじ過ちをくりかえした

上堂。
有僧出礼拝。
師便喝。
僧云、老和尚莫探頭好。
師云、你道落在什麼処。
僧便喝。
又有僧問、如何是仏法大意。
師便喝。
僧礼拝。
師云、你道好喝也無。

上堂す。
僧有りて出でて礼拝す。
師便ち喝す。
僧云く、老和尚、探頭すること莫くんば好し。
師云く、你道え、什麼処にか落在する。
僧便ち喝す。
又僧有りて問う、如何なるか是れ仏法の大意。
師便ち喝す。
僧礼拝す。
師云く、你は好き喝なりと道うや。

僧云、草賊大敗。

師云、過在什麼処。

僧云、再犯不容。

師便喝。


僧云く、草賊大敗す。

師云く、過は什麼処にか在る。

僧云く、再犯は容さず。

師便ち喝す。

問答11　どちらが主で、どちらが客か

是日、両堂首座相見、同時下喝。

僧問師、還有賓主也無。

師云、賓主歴然。

師云、大衆、要会臨済賓主句、問取堂中二首座。

便下座。


是の日、両堂の首座相見えて、同時に喝を下す。

僧、師に問う、還た賓主有りや。

師云く、賓主歴然たり。

師云く、大衆よ、臨済が賓主の句を会せんと要せば、堂中の二首座に問取せよ。

便ち座を下る。

問答12　いえてもダメ、いえなくてもダメ

師聞第二代徳山垂示云、道得也三十棒、道不得也三十棒。師令楽普去問。道得為什麼也三十棒。待伊打汝、接住棒送一送、看他作麼生。

普到彼、如教而問。


師、第二代徳山の垂示して、道い得るも也た三十棒、道い得ざるも也だ三十棒と云うを聞く。師、楽普をして去きて問わしむ。道い得るに什麼の為にか也だ三十棒なる、と。伊の汝を打つを待ち、棒を接住して送一送し、他の作麼生なるかを看よ。

普、彼に到り、教えの如く問う。

徳山便打。
普接住送一送。
徳山便帰方丈。
普回挙似師。
師云、我従来疑著這漢。雖然如是、汝還見徳山麼。
普擬議。
師便打。

徳山便ち打つ。
普、接住して送一送す。
徳山便ち方丈に帰る。
普回りて師に挙似す。
師云く、我従来より這の漢を疑著す。是くの如しと雖然も、
汝還た徳山を見るや。
普擬議す。
師便ち打つ。

問答13　さっさとお辞儀をせんか

有定上座、到参問、如何是仏法大意。
師下縄床、擒住与一掌、便托開。
定佇立。
傍僧云、定上座、何不礼拝。
定方礼拝、忽然大悟。

定上座有り、到りて参じ問う、如何なるか是れ仏法の大意。
師、縄床を下り、擒住して一掌を与えて、便ち托開す。
定、佇立す。
傍僧云く、定上座、何ぞ礼拝せざる。
定、礼拝するに方って、忽然として大悟す。

問答14　どちらにも礼拝しない

師到達磨塔頭。
塔主云、長老、先礼仏、先礼祖。

師、達磨の塔頭に到る。
塔主云く、長老、先に仏を礼せるか、先に祖を礼せるか。

師云、仏祖倶不礼。

塔主云、仏祖与長老是什麼冤家。

師便払袖而出。


師云く、仏祖倶に礼せず。

塔主云く、仏祖は長老と是れ什麼の冤家ぞ。

師便ち袖を払って出づ。

問答15　くんずほぐれつ去ってゆく

麻谷到参。敷坐具問、十二面観音、阿那面正。

師下縄牀、一手収坐具、一手搊麻谷云、十二面観音、向什麼処去也。

麻谷転身擬坐縄牀。

師拈拄杖打。

麻谷接却、相捉入方丈。


麻谷、到り参ず。坐具を敷いて問う、十二面観音、阿那面か正。

師、縄牀を下って、一手は坐具を収め、一手は麻谷を搊えて云く、十二面観音、什麼処に向かってか去る。

麻谷、身を転じて縄牀に坐らんと擬す。

師、拄杖を拈じて打つ。

麻谷接却して、相捉えて方丈に入る。

問答16　よくきたのか、わるくきたのか

師問一尼、善来悪来。

尼便喝。

師拈棒云、更道更道。

尼又喝。

師便打。


師、一尼に問う、善来か、悪来か。

尼便ち喝す。

師、棒を拈じて云く、更に道え、更に道え。

尼又喝す。

師便ち打つ。

問答17　けっきょく意味などない

龍牙問、如何是祖師西来意。

師云、与我過禅版来。

牙便過禅版与師。

師接得便打。

牙云、打即任打、要且無祖師意。

牙後到翠微問、如何是祖師西来意。

微云、与我過蒲団来。

牙便過蒲団与翠微。

翠微接得便打。

牙云、打即任打、要且無祖師意。

牙住院後、有僧入室請益云、和尚行脚時、参二尊宿因縁、還肯他也無。

牙云、肯即深肯、要且無祖師意。


龍牙問う、如何なるか是れ祖師西来の意。

師云く、我に禅版を過与し来たれ。

牙便ち禅版を師に過与す。

師、接得して便ち打つ。

牙云く、打つことは即ち打つに任すも、要且つ祖師意無し。

牙後に翠微に到りて問う、如何なるか是れ祖師西来の意。

微云く、我に蒲団を過与し来たれ。

牙便ち蒲団を翠微に過与す。

翠微、接得して便ち打つ。

牙云く、打つことは即ち打つに任すも、要且つ祖師意無し。

牙住院して後、僧有りて入室し請益して云く、和尚行脚の時、二尊宿に参ずる因縁、還た他を肯うや。

牙云く、肯うことは即ち深く肯うも、要且つ祖師意無し。

第三章　考えるのが楽しくなる問答

問答18　払子をグイとたてる

師問僧、什麼処来。
僧便喝。
師便揖坐。
僧擬議。
師便打。
師見僧来、便竪起払子。
僧礼拝。
師便打。
又見僧来、亦竪起払子。
僧不顧。
師亦打。

師僧に問う、什麼処よりか来たる。
僧便ち喝す。
師便ち揖して坐せしむ。
僧擬議す。
師便ち打つ。
師僧の来たるを見て、便ち払子を竪起つ。
僧礼拝す。
師便ち打つ。
又僧の来たるを見て、亦払子を竪起つ。
僧顧みず。
師亦打つ。

問答19　ヨモギの枝でなでられたようだった

上堂。
僧問、如何是仏法大意。

上堂す。
僧問う、如何なるか是れ仏法の大意。

師竪起払子。

僧便喝。

師便打。

又僧問、如何是仏法大意。

師亦竪起払子。

僧便喝。

師亦喝。

僧擬議。

師便打。

　師乃云、大衆、夫為法者不避喪身失命。我二十年、在黄檗先師処、三度問仏法的的大意、三度蒙他賜杖、如蒿枝払著相似。如今更思得一頓棒喫。誰人為我行得。

時有僧出衆云、某甲行得。

師拈棒与他。

其僧擬接。

師便打。


師払子を竪起つ。

僧便ち喝す。

師便ち打つ。

又僧問う、如何なるか是れ仏法の大意。

師亦払子を竪起つ。

僧便ち喝す。

師も亦喝す。

僧擬議す。

師便ち打つ。

師乃ち云く、大衆、夫れ法の為にする者は喪身失命を避けず。我二十年、黄檗先師の処に在って、三度仏法的的の大意を問い、三度他の杖を賜うを蒙るも、蒿枝の払著うが如きに相似たり。如今更に一頓の棒を喫せんことを思得う。誰人か我が為に行じ得ん。

時に僧有りて衆を出でて云く、某甲行じ得ん。

師棒を拈りて他に与う。

其の僧接らんと擬す。

師便ち打つ。

問答20　無情の柱はいったい凡か聖か

師因入軍營赴斎、門首見員僚。

師、軍營に入りて斎に赴くに因りて、門首に員僚に見う。

師指露柱問、是凡是聖。

員僚無語。

師打露柱云、直饒道得、也祇是箇木橛、便入去。


師、露柱を指して問う、是れ凡なるや、是れ聖なるや。

員僚語無し。

師、露柱を打ちて、直饒い道い得るも、也た祇だ是れ箇の木橛と云いて、便ち入り去る。

問答21　おさめているか、おさめていないか

有座主来相看次、師問座主講何経論。

主云、某甲荒虚、粗習百法論。

師云、有一人於三乗十二分教明得。有一人於三乗十二分教明不得。是同是別。

主云、明得即同、明不得即別。

　楽普為侍者、在師後立云、座主、這裏是什麼所在説同説別。

師回首問侍者、汝又作麼生。

侍者便喝。

師送座主回来、遂問侍者、適来是汝喝老僧。

侍者云、是。

師便打。


　座主有り、来たりて相看ゆる次いで、師、座主に問う、何の経論をか講ずる。

主云く、某甲荒虚にして、粗ぼ百法論を習う。

師云く、一人有りて三乗十二分教に於いて明らめ得、一人有りて三乗十二分教に於いて明らめ得ず。是れ同か是れ別か。

主云く、明らめ得たらば即ち同、明らめ得ずんば即ち別。

楽普、侍者為りて、師の後に立ちて云く、座主、這裏は是れ什麼の所在にしてか同と説き別と説くや。

師首を回らして侍者に問う、汝は又作麼生。

侍者便ち喝す。

師、座主を送りて回り来たり、遂に侍者に問う、適来は是れ汝老僧を喝せしや。

侍者云く、是り。

師便ち打つ。

問答22　二銭、めぐんでやろう

師見僧来、展開両手。
僧無語。
師云、会麼。
云、不会。
師云、渾崙擘不開。与汝両文銭。

師、僧の来たるを見て、両手を展開す。
僧語無し。
師云く、会すや。
云く、会せず。
師云く、渾崙擘き開けず。汝に両文銭を与えん。

問答23　まだ教えを乞うておらんのか

大覚到参。
師挙起払子。
大覚敷坐具。
師擲下払子。
大覚収坐具、入僧堂。
衆僧云、這僧莫是和尚親故。不礼拝、又不喫棒。
師聞令喚覚。
覚出。
師云、大衆道、汝未参長老。
覚云不審、便自帰衆。

大覚到り参ず。
師、払子を挙起す。
大覚、坐具を敷く。
師、払子を擲下す。
大覚、坐具を収め、僧堂に入る。
衆僧云く、這の僧是れ和尚の親故なること莫きや。礼拝せず、又棒をも喫せず。
師聞いて覚を喚ばしむ。
覚出づ。
師云く、大衆道う、汝未だ長老に参ぜずと。
覚、不審と云い、便ち自ら衆に帰す。

問答24　足を洗っておるところだ

趙州行脚時参師。
遇師洗脚次、州便問、如何是祖師西来意。
師云、恰値老僧洗脚。
州近前作聴勢。
師云、更要第二杓悪水潑在。
州便下去。

趙州、行脚の時、師に参ず。
師の脚を洗うに遇う次いで、州便ち問う、如何なるか是れ祖師西来の意。
師云く、恰も老僧の脚を洗うに値う。
州近前して聴く勢を作す。
師云く、更に第二杓の悪水を潑がんと要す。
州便ち下り去く。

問答25　ひっくるめて生き埋めだ

師普請鋤地次、見黄檗来、拄钁而立。
黄檗云、這漢困耶。
師云、钁也未挙、困箇什麼。
黄檗便打。
師接住棒、一送送倒。
黄檗喚維那、維那扶起我。
維那近前扶云、和尚争容得這風顛漢無礼。

師、普請して地を鋤く次いで、黄檗の来たるを見て、钁に拄れて立つ。
黄檗云く、這の漢、困るるや。
師云く、钁も也た未だ挙げざるに、箇の什麼にか困れん。
黄檗便ち打つ。
師、棒を接住し、一送して送倒す。
黄檗、維那を喚び、維那、我を扶け起こせ。
維那、近前して扶けて云く、和尚、争でか這の風顛漢の無礼なるを容し得ん。

黄檗纔起、便打維那。
師钁地云、諸方火葬、我這裏一時活埋。

黄檗、纔に起つや、便ち維那を打つ。
師、地を钁して云く、諸方は火葬せるも、我が這裏は一時に活埋せん。

問答26　目をとじられ、あわてて退散

師一日、在僧堂前坐。
見黄檗来、便閉却目。
黄檗乃作怖勢、便帰方丈。
師随至方丈礼謝。
首座在黄檗処侍立。
黄檗云、此僧雖是後生、却知有此事。
首座云、老和尚脚跟不点地、却証拠箇後生。
黄檗自於口上打一摑。
首座云、知即得。

師、一日、僧堂前に在いて坐す。
黄檗の来たるを見るや、便ち目を閉却す。
黄檗乃ち怖るるの勢を作し、便ち方丈に帰る。
師随いて方丈に至りて礼謝す。
首座、黄檗の処に在いて侍立す。
黄檗云く、此の僧、是れ後生なりと雖も、却って此の事有るを知る。
首座云く、老和尚、脚跟地に点ぜず、却って箇の後生を証拠すとは。
黄檗自ら口上に於いて打つこと一摑す。
首座云く、知らば即ち得し。

問答27　叱られても眠りつづける

師在堂中睡。

師、堂中に在りて睡る。

黄檗下来見、以拄杖打版頭一下。
師挙頭見是黄檗、却睡。
黄檗又打版頭一下、却往上間見首座坐禅、乃云、
下間後生却坐禅、汝這裏妄想作什麼。
首座云、這老漢作什麼。
黄檗打版頭一下、便出去。
　後潙山、問仰山、黄檗入僧堂、意作麼生。
仰山云、両彩一賽。

黄檗下り来たりて見て、拄杖を以て版頭を打つこと一下す。

師、頭を挙げて是れ黄檗なるを見て、却って睡る。

黄檗、又版頭を打つこと一下し、却って上間に往きて首座の坐禅するを見て乃ち云く、下間の後生却って坐禅するに、汝這裏に妄想して作什麼。

首座云く、這の老漢、作什麼。

黄檗、版頭を打つこと一下し、便ち出で去る。

後に潙山、仰山に問う、黄檗僧堂に入る、意作麼生。

仰山云く、両彩一賽。

問答28　今日のところはボロ負けだな

師行脚時、到龍光。

光上堂。

師出問、不展鋒鋩、如何得勝。

光拠坐。

師云、大善知識、豈無方便。

光瞪目云、嗄。

師以手指云、這老漢、今日敗闕也。


師、行脚の時、龍光に到る。

光、上堂す。

師、出でて問う、鋒鋩を展べずして、如何が勝つを得ん。

光、拠坐す。

師云く、大善知識、豈に方便無からんや。

光、瞪目して云く、嗄。

師、手を以て指して云く、這の老漢、今日敗闕せり。

問答29　矢はとうに飛んでいった

到翠峯。
峯問、甚処来。
師云、黄檗来。
峯云、黄檗有何言句指示於人。
師云、黄檗無言句。
峯云、為什麼無。
師云、設有亦無挙処。
峯云、但挙看。
師云、一箭過西天。

翠峯に到る。
峯問う、甚処よりか来たる。
師云く、黄檗より来たる。
峯云く、黄檗に何の言句か有りてか人に指示す。
師云く、黄檗に言句無し。
峯云く、什麼の為にか無き。
師云く、設い有るも亦た挙する処無し。
峯云く、但だ挙し看よ。
師云く、一箭、西天に過ぐ。

問答30　いたずら婆さんとでくわす

往鳳林。
路逢一婆。
婆問、甚処去。
師云、鳳林去。
婆云、恰値鳳林不在。
師云、甚処去。
婆便行。

鳳林に往く。
路に一の婆に逢う。
婆問う、甚処にか去く。
師云く、鳳林に去く。
婆云く、恰も鳳林の不在なるに値う。
師云く、甚処にか去く。
婆便ち行く。

師乃喚婆。
婆回頭。
師便行。

師乃ち婆と喚ぶ。
婆、頭を回らす。
師便ち行く。

問答31　てっきり牛だとおもったら

師問杏山、如何是露地白牛。
山云、吽吽。
師云、啞那。
山云、長老作麼生。
師云、這畜生。

師、杏山に問う、如何なるか是れ露地の白牛。
山云く、吽吽。
師云く、啞なるか。
山云く、長老は作麼生。
師云く、這の畜生。

第四章　考えると自由になれる問答

問答32　頭はあってもシッポがない

師為黄檗馳書去潙山。時仰山作知客。
接得書便問、這箇是黄檗底、那箇是専使底。

師、黄檗の為に書を馳せて潙山に去く。時に仰山、知客と作る。
書を接得して便ち問う、這箇は是れ黄檗の底、那箇か是れ専使の底。

師便掌。

仰山約住云、老兄知是般事便休。同去見潙山。

潙山便問、黄檗師兄多少衆。

師云、七百衆。

潙山云、什麼人為導首。

師云、適来已達書了也。師却問潙山、和尚此間多少衆。

潙山云、一千五百衆。

師云、太多生。

潙山云、黄檗師兄亦不少。

　師辞潙山。仰山送出云、汝向後北去、有箇住処。

師云、豈有与麼事。

仰山云、但去、已後有一人佐輔老兄在。此人祇是有頭無尾、有始無終。

師後到鎮州、普化已在彼中。師出世、普化佐賛於師。師住未久、普化全身脱去。


師便ち掌す。

仰山、約住して云く、老兄、是般の事を知らば便ち休せ。同に去きて潙山に見ゆ。

潙山便ち問う、黄檗師兄は多少の衆ぞ。

師云く、七百衆。

潙山云く、什麼人か導首為る。

師云く、適来已に書を達し了れり。師却って潙山に問う、和尚の此間は多少の衆ぞ。

潙山云く、一千五百衆。

師云く、太多生。

潙山云く、黄檗師兄も亦た少なからず。

師、潙山を辞す。仰山送り出だして云く、汝向後北に去かば、箇の住処有らん。

師云く、豈に与麼の事有らんや。

仰山云く、但だ去け、已後一人有りて老兄を佐輔せん。此の人、祇是だ頭有れども尾無く、始め有れども終り無し。

師、後に鎮州に到るに、普化已に彼中に在り。師の世を出づるや、普化、師を佐賛す。師住すること未だ久しからずして、普化、全身脱し去る。

問答33　「お大事に」といって去る

師見普化乃云、我在南方馳書到潙山時、知你先在此住待我来。及我来、得汝佐賛。我今欲建立黄檗宗旨。汝切須為我成褫。

普化珍重下去。

克符後至。師亦如是道。

符亦珍重下去。

三日後、普化却上問訊云、和尚前日道甚麼。

師拈棒便打下。

又三日、克符亦上問訊、乃問、和尚前日打普化作什麼。

師亦拈棒打下。


師、普化を見て乃ち云く、我南方に在りて書を馳りて潙山に到る時、你先在に此に住して我が来たるを待つを知る。我来たるに及び、汝が佐賛を得る。我今黄檗の宗旨を建立せんと欲す。汝切に須らく我が為に成褫すべし。

普化珍重して下り去る。

克符後れて至る。師亦是くの如く道う。

符も亦珍重して下り去る。

三日の後、普化却って上りて問訊して云く、和尚前日甚麼とか道う。

師、棒を拈じて便ち打ちて下らしむ。

又三日、克符も亦上りて問訊して乃ち問う、和尚前日普化を打ちて什麼をか作す。

師亦棒を拈じて打ちて下らしむ。

問答34　お膳をひっくりかえす

師、一日同普化赴施主家斎次、師問、毛呑巨海、芥納須弥。為是神通妙用、本体如然。

師、一日、普化と同に施主家の斎に赴く次いで、師問う、毛は巨海を呑み、芥は須弥を納る。為是た神通妙用なりや、本体如然なりや。

普化踏倒飯床。

師云、太麁生。

普化云、這裏是什麼所在説麁説細。

　師来日、又同普化赴斎。問、今日供養、何似昨日。

普化依前踏倒飯床。

師云、得即得、太麁生。

普化云、瞎漢、仏法説什麼麁細。

師乃吐舌。


普化、飯床を踏み倒す。

師云く、太麁生。

普化云く、這裏は是れ什麼の所在にして麁と説き細と説くや。

師、来日、又普化と同に斎に赴く。問う、今日の供養、昨日に何似ぞ。

普化、前に依りて飯床を踏み倒す。

師云く、得きは即ち得きも、太麁生。

普化云く、瞎漢、仏法は什麼の麁細をか説かん。

師乃ち舌を吐く。

問答35「ワル」といいながら去る

師一日、与河陽木塔長老、同在僧堂地炉内坐。因説、普化毎日在街市掣風掣顛。知他是凡是聖。言猶未了、普化入来。

師便問、汝是凡是聖。

普化云、汝且道、我是凡是聖。

師便喝。

普化以手指云、河陽新婦子、木塔老婆禅。臨済小廝児、却具一隻眼。

師云、這賊。

普化云賊賊、便出去。


師、一日、河陽、木塔の長老と同に僧堂の地炉の内に坐す。因みに説く、普化は毎日街市に在りて掣風掣顛す。他の是れ凡なるか是れ聖なるかを知らんや。言いて猶お未だ了らざるに、普化入り来たる。

師便ち問う、汝是れ凡か是れ聖か。

普化云く、汝且らく道え、我是れ凡か是れ聖か。

師便ち喝す。

普化手を以て指して云く、河陽は新婦子、木塔は老婆禅。臨済は小廝児にして、却って一隻眼を具す。

師云く、這の賊。

普化、賊賊と云いて、便ち出で去る。

問答36　野菜を生で食らう

一日、普化在僧堂前喫生菜。

師見云、大似一頭驢。

普化便作驢鳴。

師云、這賊。

普化云賊賊、便出去。


一日、普化、僧堂前に在りて生菜を喫らう。

師見て云く、大いに一頭の驢に似たり。

普化便ち驢鳴を作す。

師云く、這の賊。

普化、賊賊と云いて、便ち出で去る。

問答37　明日はご馳走にありつける

因普化、常於街市揺鈴云、明頭来明頭打、暗頭来暗頭打、四方八面来旋風打、虚空来連架打。

師令侍者去、纔見如是道、便把住云、総不与麼来時如何。

普化托開云、来日大悲院裏有斎。

侍者回挙似師。

師云、我従来疑著這漢。


因みに普化、常に街市に於いて鈴を揺らして云く、明頭より来たらば明頭に打し、暗頭より来たらば暗頭に打し、四方八面より来たらば旋風もて打し、虚空より来たらば連架もて打す。

師、侍者をして去いて、纔かに是くの如く道うを見るや、便ち把住して云わしむ、総に与麼からずして来たる時は如何、と。

普化托開して云く、来日、大悲院裏に斎有り。

侍者回りて師に挙似す。

師云く、我従来より這の漢を疑著えり。

問答38　鈴の音とともに去りぬ

普化一日、於街市中、就人乞直裰。人皆与之。普化倶不要。

師令院主買棺一具。

普化帰来。

師云、我与汝做得箇直裰了也。

普化便自担去、繞街市叫云、臨済与我做直裰了也。我往東門遷化去。

市人競随看之。

普化云、我今日未。来日往南門遷化去。如是三日、人皆不信。至第四日、無人随看。

独出城外、自入棺内、倩路行人釘之。

即時伝布、市人競往開棺、乃見全身脱去。祇聞空中鈴響隠隠而去。


普化、一日、街市中に於いて、人に就いて直裰を乞う。人皆之を与う。普化倶に要せず。

師、院主をして棺一具を買わしむ。

普化帰り来たる。

師云く、我、汝が与に箇の直裰を做得り了れり。

普化便ち自ら担い去り、街市を繞り叫びて云く、臨済、我が与に直裰を做り了れり。我、東門に往きて遷化し去らん。

市人競い随いて之を看る。

普化云く、我今日未だし。来日南門に往きて遷化し去らん。是くの如くすること三日、人皆信ぜず。第四日に至り、人の随い看るもの無し。

独り城外に出で、自ら棺内に入り、路行の人に倩うて之に釘たしむ。

即時に伝布し、市人競い往きて棺を開くに、乃ち全身脱し去るを見る。祇だ空中に鈴の響の隠隠として去るを聞くのみ。

山田史生

Fumio Yamada

中国思想研究者
弘前大学教育学部教授
1959年、福井県生まれ。東北大学文学部卒業。同大学大学院修了。博士（文学）。専門は中国古典の思想、哲学。趣味は囲碁。特技は尺八。妻がひとり。娘がひとり。
著書に『日曜日に読む「荘子」』『下から目線で読む「孫子」』（以上、ちくま新書）、『受験生のための一夜漬け漢文教室』（ちくまプリマー新書）、『門無き門より入れ 精読「無門関」』（大蔵出版）、『中国古典「名言200」』（三笠書房）、『脱世間のすすめ 漢文に学ぶもう少し楽に生きるヒント』（祥伝社）、『もしも老子に出会ったら』『絶望しそうになったら道元を読め！』『はじめての「禅問答」』（以上、光文社新書）、『全訳論語』『禅問答100撰』（以上、東京堂出版）、『龐居士の語録 さあこい！禅問答』（東方書店）など。

クセになる禅問答

——考えることが楽しくなる珠玉の対話38

2023年3月7日　第1刷発行

著　者——山田史生

発行所——ダイヤモンド社

〒150-8409　東京都渋谷区神宮前6-12-17

https://www.diamond.co.jp/

電話／03･5778･7233（編集）　03･5778･7240（販売）

ブックデザイン—新井大輔＋八木麻祐子（装幀新井）

イラスト——白井匠

DTP————エヴリ・シンク

校正————鷗来堂、三森由紀子

製作進行——ダイヤモンド・グラフィック社

印刷／製本—勇進印刷

編集担当——朝倉陸矢

ISBN 978-4-478-11724-8